고양이
철학자
루푸스

RUFUS, DER KATZENPHILOSOPH:
Weisheiten aus sieben Leben
by Andreas Schlieper

Copyrights © 2011 Droemersche Verlagsanstalt Th. Knaur Nachf. GmbH & Co. KG, Munich
All right reserved. No part of this book may be used or reproduced in any manner whatever without written permission except in the case of brief quotations embodied in critical articles or reviews.
Korean Translation Copyright © 2013 by Sigongsa Co., Ltd.
Korean edition is published by arrangement with Droemersche Verlagsanstalt Th. Kanur Nachf. GmbH & Co. KG through BC Agency, Seoul

이 책의 한국어판 저작권은 BC에이전시를 통한 저작권자와의 독점 계약으로 ㈜시공사에 있습니다.
저작권법에 의해 한국 내에서 보호를 받는 저작물이므로 무단 전재와 복제를 금합니다.

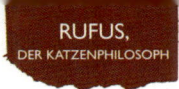

앞만 보며 살아가는 어리석은 인간에게 던지는 유쾌한 돌직구

고양이 철학자 루푸스

안드레아스 슐리퍼 지음 | 유영미 옮김

시공사

contents

시작하며 고양이는 원래 말할 줄 아는 존재예요! 6
들어가며 고양이 철학자 이야기, 한번 들어 보실래요? 16

1장 잠꾸러기 고양이, 루푸스
완전한 휴식이
당신을 지혜롭게
할 거예요
36

2장 신중한 고양이, 루푸스
조심, 조심!
늘 최악의 상황에
대비하세요
74

3장 우아한 고양이, 루푸스
빠르지만 절도 있게,
언제나 행동의 품격을
잃지 말아요
104

4장 행복한 고양이, 루푸스

순간을 잡아요!
오늘은 두 번 다시
오지 않아요
134

5장 만족한 고양이, 루푸스

탐욕은 어리석은 것,
적당히 그칠 줄도 알아야죠
166

6장 애교쟁이 고양이, 루푸스

자신이 진심으로 원하는 것을
인정하고 표현하세요
200

7장 방랑자 고양이, 루푸스

세상과 조화를 이루며
진정한 자유를 누려요
234

끝내며   고양이의 일곱 가지 지혜가 당신을 행복하게 할 거예요! 268

시작하며
고양이는 원래 말할 줄 아는 존재예요!

크리스마스이브였다. 해가 막 넘어간 참이었다. 9월부터 '해야지' 하면서 미루어 온 일 몇 가지를 처리하려고 컴퓨터 앞에 앉았다. 그 일들이 특히나 중요했기 때문이 아니라, 오래되고 부드러운 마르티니크 럼주 한 병이 날 기다리는 것 빼고는 다른 할 일이 없었기 때문이다.

완전히 몰입하자 일은 일사천리로 진행되었다. 한두 시간 지나면 목표 달성이 가능할 것 같았다. 일을 계속 미루어 두었던 것에 대한 양심의 가책이 서서히 환호로 바뀌었다. 나는 잠시 등받이에 몸을 기대고 심호흡을 했다. 그때 마치 다른 세계에서 들리는 듯 뒤에서 낮은 음성이 들렸다.

"미안해요! 날 좀 책상 위로 올려 주겠어요?"

너무 놀란 나머지 의자랑 같이 앞으로 고꾸라질 뻔했다. 그리고는 두려운 눈빛으로 뒤를 힐끔 돌아보았다. 하지만 아무것도 없었다! 아무도 없었다! 누가 있을 리가 만무했다! 잘못 들었나 보다 생각하며 고개를 절레절레 흔들고는, 정신을 가다듬기 위해 커피를 한 모금 들이켰다. 기억은 잘 나지 않지만, 아까 나도 모르게 라디오를 켜 둔 모양이었다. 라디오에서 무슨 드라마라도 하는 건가? 다시 일을 막 시작하려는데 또다시 목소리가 들렸다.

"안녕하세요? 정말 미안해요!"

아주 우렁찬 목소리였다.

"날 좀 책상 위로 올라가게 해 줄래요?"

이제 정말로 무서워졌다. 목소리가 아주 가늘고 높아서 좀 섬뜩하게 들렸다. 모음의 발음은 약간 부정확했다.

나는 강도 혹은 마귀 얼굴이라도 보리라 각오하고 의자를 홱 돌렸다. 수호천사일 리는 없고 분명 마귀가 있을 것이라고 생각했다. 하지만 역시 아무것도 보이지 않았다. 강도도 악마도 아니었다. 라디오가 꺼져 있는 걸 보니 라디오 드라마도 아니었다.

"여기 아래쪽요! 의자 옆에요! 나를 책상 위로 좀 올려 줄 수 있나요?"

나는 아래쪽을 쳐다보았다. 어두컴컴한 데서 두 눈이 반짝이고 있었다. 내 고양이였다. 내 고양이가 그곳에 앉아 이야기를 하고 있었다.

나는 몇 달 전 우연히 고양이 한 마리를 갖게 되었다. 사실 '갖다'라는 말은 어울리지 않는 단어이다. 그동안 나는 고양이와 관련해,

특히나 이 수고양이와 관련해 어떤 '소유권'이나 '재산권'을 주장할 수 없음을 힘들게 배워야 했으니 말이다. 고양이와 함께 사는 것은 서로 친근하지만 늘 거리를 두는 공동생활이다. 거기서 요구와 의무는 명확하게 갈렸다. 고양이의 요구와 인간의 의무.

하지만 사실 인간에게 주어진 의무는 그리 어렵지 않았다. 먹고 마실 것을 주고, 대소변을 위한 자리를 마련해 주고, 때때로 놀아 주고, 때를 보아 쓰다듬어 주고. 물론 고양이가 그에 대한 뚜렷한 의사 표시를 할 때만 말이다. 나는 고양이와 함께한 몇 달간 내가 할 일들을 적절히 수행했다고 생각했다. 그리고 그에 대해 고양이에게 특별한 감사 표시를 기대하지도 않았다. 그리하여 더욱 놀라운 것은, 그러니까 더욱 헷갈리는 것은 왜 수고양이가 이날 저녁 스스로 내 서재로 들어와 나와 대화를 시도했느냐는 것이다.

붉은 갈색 바탕에 흰색 줄무늬가 있는 고양이가 기대에 찬 표정으로 앉아 한쪽 눈으로 나를 쳐다보았다. 다른 쪽 눈, 즉 오른쪽 눈은 거의 멀어 있었다. 하지만 생활하는 데 방해는 되지 않는 듯했다. 준비해 둔 먹이나 집 안에서 가장 따스한 잠자리를 아주 빠르게 찾아내곤 했으니 말이다.

내가 놀라서 어안이 벙벙해져 있는 동안 고양이는 나를 쳐다보며 몇 번 다정하게 눈을 깜박였다. 그러고는 흐릿하게 실눈을 뜬 채 늘어져라 하품을 하더니 다급한 목소리로 말했다.

"이제 됐나요? 내가 얼마나 더 기다려야 하지요?"

'그래, 어차피 그래야 한다면……'

나는 그렇게 생각하며 책상에 자리를 만들기 위해 종이 뭉치를 옆으로 치웠다. 그러고는 몸을 굽혀 수고양이를 조심스럽게 책상 위로 모셨다. 책상 위에 올라앉은 고양이는 킁킁거리며 냄새를 맡더니 여유롭게 자리를 잡고 앉았다.

"근데 언제부터 말을 할 수 있었니?"

나는 고양이에게 결국 그렇게 묻고 말았다.

"아…… 원래 난 늘 이야기를 했어요. 당신이 내 이야기를 알아듣지 못했을 뿐이에요."

내가 깜짝 놀란 표정을 지었는지, 고양이가 말을 이었다.

"오해하지 말아요. 당신을 탓하는 것이 아니에요. 단지 확인시켜 주는 것뿐이에요. 당신 잘못이 아니라니까요!"

"알았어, 알았어. 그런데 지금은 어떻게 내가 네 말을 알아들을 수 있는 거지?"

"그건 크리스마스이브이기 때문이에요. 아시다시피(이 말이 넌지시 비판으로 느껴졌다) 인간들은 크리스마스이브엔 동물의 말을 이해할 수 있거든요. 물론 윤년에만 말이에요! 또 일요일에 태어난 인간들만 그럴 수 있지요."

나는 당연히 인간과 동물 사이의 이런 특별한 규칙에 대해 아무것도 알지 못했다. 그러나 고양이 앞에서 나의 무지를 인정하고 싶지 않았다. 어느 정도 품위를 유지하고 싶었다. 우리 주변 어딘가에 '고양이 왕'이 살고 있다는 아일랜드의 옛 전설을 들은 적이 있다. 평범한 집 고양이로 위장한 채 아주 조용하고 은밀하고 비밀스럽게 살고 있다고 했다. 외모로도 알아볼 수 없다고 했다. 하지만 귀를 약간 잘라 내면 고양이 왕은 말을 시작하는데, 대부분은 달갑지 않은 진실들을 쏟아 낸다는 것이었다. 그러나 내 앞에 있는 고양이의 귀는 아주 온전해 보여서, 이 고양이가 고양이 왕인지 분간할 수가 없었다. 가위를 가져와 시험해 볼 생각은 추호도 들지 않았다. 평화를 상징하는 크리스마스에는 더더욱 그러면 안 될 것 같았다. 그래서 나는 알겠다는 듯 고개를 끄덕이며 말했다.

"그렇군. 그런데 내게 무슨 이야기를 하고 싶은 거니?"

왼쪽 앞발을 열심히 핥고 있던 수고양이는 내 물음에 아랑곳하지 않고 계속 발만 핥아 댔다. 고양이와 계속 대화를 하면서 나는 그가 적절한 대답을 찾고자 할 때는 늘 이런 몸짓을 한다는 것을 알게 되었다. 그러니까 인간들이 세미나 같은 데서 답을 하기 전 약간의 시간을 벌려고 할 때처럼 말이다. 일부러 그렇게 시간을 둔 다음 고양이는 다시금 나를 쳐다보고 말했다.

"우선 나를 좀 소개해야 할 것 같네요. 내 이름은 루푸스예요. 카터른베르크(수고양이들의 산이라는 뜻 – 옮긴이)의 루푸스. 어쨌든 인간들을 대할 때는 그 이름을 사용해요. 고양이들 사이에서 내가 어떤 이름으로 불리는지는 당신에게 별로 중요하지 않을 거예요. 그 이름을 발음조차 할 수 없을 테니까요. 그러니까 나를 그냥 '카터른베르크의 루푸스'라고 불러 주세요. 뭐 괜찮은 이름이라고 생각해요. 그다지 거부감이 들지도 않고, 유치하지도 않은 이름이지요."

이 고양이가 무조건 내 책상 위로 올라오고자 한 걸 보면 그에게 뭔가 중요한 용무가 있는 것이 분명했다. 고양이는 일단 내 비위를 맞추고자 온갖 노력을 기울였다. 몸을 앞으로 구부리더니 이마를 내 오른손 쪽으로 내밀고는, 내가 쓰다듬을 수 있도록 자신의 턱을 내맡겼다. 심지어 조심스럽게 앞발로 내 손을 잡더니 내 손가락을 하나씩 하나씩 핥아 대는 것이 아닌가. 꽤 오랫동안 손가락을 핥은 뒤 고양이는 다시금 고개를 곧추세우더니 말했다.

"크리스마스니 당신께 부탁 하나 해도 될까요? 친한 친구 고양이들에게 부탁을 받았거든요. 고양이와 우주의 독특한 관계를 고려해, 세계에 대한 나의 생각을 정리해 주실 수 있나요?"

고양이는 헛기침을 하더니 잠시 가만히 있다가 조심스레 말을 이었다.

"당신이 아주 이성적이고 교양 있는 분 같아서요. 지난 몇 달간 그런 인상을 받았어요."

고양이는 기대에 찬 눈빛으로 나를 처다보았다. 나를 '이성적'이고 '교양 있다'고 했으니 이걸 아부로 받아들여야 하나? 아니면 은근한 모욕으로 받아들여야 하나? 우리는 한동안 실눈을 뜨고 서로를 바라보았다. 고양이가 다시 이야기를 이었다.

"아무튼 난 지난 몇 주간 주변의 고양이들에게, 오랜 숙고 끝에 얻게 된 결론들을 발표했고 많은 긍정적인 반응을 얻었어요."

나는 귀청을 찢을 듯한 고양이들의 외침으로 밤새 시끄러웠던 가을밤들이 떠올랐다. 온 동네가 괴로워했다. 그즈음 나는 얼마 전부터 우리 집 지붕에 살던 고양이가 매일 밤 꼬리를 곧추세우고 정원으로 사라졌다가 다음 날 아침 굶주리고 피곤한 기색으로 다시 우리 집 현관 앞에 앉아 있다는 이야기를 이웃들에게 전혀 하지 않았다.

"내 말을 들은 몇몇 고양이는 마지막에 이런 부탁을 하더라고요. 인간들도 듣고 유익함을 얻을 수 있도록 내 생각을 정리해 달라고요."

"그게 무슨 말이지?"

내가 물었다.

"우리가 인간들에게 고양이 철학의 지혜를 전수해 주겠다는 거예요. 어쨌든 인간들은 대부분 우리 고양이들에게 아주 잘해 주고 도움을 베풀어 주니까요. 이런 은혜에 보답할 때도 되었다는 생각이 들어요."

카터른베르크의 루푸스는 그렇게 말하고는 아주 만족스러운 표정으로 내 책상 위에 편안히 누웠다. 나를 쳐다보는 태도로 보아, 내가 감사의 표시로 턱 아래 그가 좋아하는 장소를 긁어 주거나 내 엄지손가락을 내주어 그가 빨거나 깨물도록 해 주기를 바라는 것 같았다.

물론 나는 기꺼이 그렇게 해 주었을 텐데, 어리둥절해하는 바람에 그만 그의 신호를 감지하고 내 손을 내주기까지 시간이 좀 걸렸다.

"하지만 어떻게 고양이들이 인간들에게 조언을 한단 말이지? 내 말은 그러니까, 고양이는 그저……."

하마터면 마지막 단어가 튀어나올 뻔했다. '동물'이라는…….

하지만 나는 마지막 단어를 내뱉기 전, 그 단어가 여기서는 전혀 어울리지 않는다는 것을 깨달았다. 물론 '인간'과 '동물' 사이에 차이가 있는지, 있다면 어떤 차이가 있는지를 두고 오랜 시간 옥신각신 논쟁을 벌일 수 있을 것이다(나는 몇 가지 중요한 차이가 있다고 생각한다. 그렇지 않으면 쇠고기를 아무렇지도 않게 먹을 수 있을까? 이웃은 안 먹지 않는가).

하지만 내 앞에는 말하는 고양이가 앉아 있었다. 그는 자신이 고양이들 중에서 선발되었다고 말했고, 인간과 세상에 대해 많은 생각을 한 것 같았다. 그랬다. 그는 진짜 고양이같이 생겼고, 고양이 같은 느낌이 났고, 고양이처럼 움직였고, 내게 고양이 취급을 받았다. 이 모든 것은 그가 존재론적으로 진짜로 '고양이'임을 뒷받침했다. 그제야 내가 참으로 이상한 상황 속에 있음을 실감했다. 동물과 의사소통을 하고 있는 것이었다. 그것도 가장 인간적인 방법, 즉 언어로 말이다. 그러니 방금 내가 한 말은 안 하니만 못한 말이었다. 카터른베르크의 루푸스는 내 손을 감쌌던 발톱을 풀고는 엄지손가락을 놓아주었다.

"또한 우리 고양이들이 원래 자원해서 인간들과 함께 살기 시작했다는 점을 생각해 보세요."

루푸스는 내가 제기한 이의를 무시하고 자기 말을 계속했다.

"인간들은 우리를 힘들게 길들일 필요가 없었어요. 우리는 인간들에게 아무것도 요구하지 않았지요. 우리는 있는 자리에서 인간들 삶에 도움을 주었어요."

"맞아. 옳은 말이야."

내가 작은 목소리로 대답했다.

"당신께 부탁이 있어요. 솔직히 말하면 좀 어려운 부탁이에요!"

나는 무슨 부탁인지 매우 궁금했다. 지금까지 함께 살면서 고양이가 원하는 것은 먹고 마시고 놀고 쓰다듬어 주는 것에 관련된 일들이었다. 그런데 이제?

"내 생각을 받아 적어 달라고 부탁을 드리고 싶어요. 우리 고양이들은 아주 많은 재능을 갖고 태어났어요. 하지만 그렇다 해도 우리는 불완전한 존재라 당신이 온종일 매달려 있는 그 기계를 다룰 수가 없어요. 시도해 봤는데 안 되더라고요. 밤새 애써 봤지만 헛수고였어요."

안 그래도 지난 몇 주 동안 아침에 컴퓨터를 켤 때마다 약간 이상한 적이 많았다. 미심쩍은 프로그램이 뜨곤 했던 것이다. 하지만 고양이 때문인 줄은 꿈에도 모르고 흔히 있는 소프트웨어의 오류라고 생각했다. 맙소사. 그런 밤에 무슨 일이 있었는지를 이제야 알게 되었다.

"아무튼 내 생각을 말해 줄 테니 받아 적어 주셨으면 해요. 인간들이 그것을 읽고 배울 수 있게요. 우리가 대화할 수 있는 건 오늘 밤뿐이니까 시간이 많지 않아요. 곧 시작하지 않으면 제시간에 끝낼 수 없을 거예요."

시계를 보니 고양이 말이 옳았다. 일곱 시가 가까워지고 있었으니, 수고양이가 크리스마스와 동물들의 언어에 대해 이야기해 준

바에 따르면 주어진 시간은 열두 시간도 채 남지 않은 상황이었다. 나는 잠시 가위와 귀와 고양이 왕을 생각하다 이내 떨쳐 버렸다. 이미 말했듯이 크리스마스는 평화를 상징하는 날이니까. 난 조용히 입을 다물었다.

    고양이가 이야기를 시작했다.

들어가며

고양이 철학자 이야기, 한번 들어 보실래요?

내 이름은 루푸스, 카터른베르크의 루푸스예요

우선 '시작'에 대한 얘기로 시작하는 것이 좋을 듯싶네요. '모든 시작은 어렵다'고들 하지요. 그러나 '시작이 반이다'라고도 해요. '시작을 잘하면 반은 성공한 것이다'라는 말도 있고요.

우리 고양이들은 굉장히 깔끔하고 질서 정연해요. 우리가 식사를 한 뒤 밥그릇을 얼마나 '핥은 것처럼 깨끗하게' 해 놓는가만 보아도 알 수 있을 거예요. 정확히 말하면 '핥은 것처럼 깨끗하게'가 아니라 정말로 '핥아서 깨끗하게' 해 놓는 거예요. 하지만 이 문제에 대해서는 더 이상 군소리를 하지 말기로 해요.

한 가지만 짚고 넘어가자면, 이렇게 깔끔하게 행동하는 것은 우리가 인간들을 존중한다는 뜻이에요. 또한 인간과 고양이 사이의 태곳적 계약을 이행하기 위한 인간들의 수고를 아주 높이 평가하고 있다는 표시지요. 우리 고양이들은 타박을 하거나 벌을 주는 것보다는 칭찬을 하는 게 훨씬 효과적임을 알고 있거든요.

어쨌든 우리는 일이 깔끔하고 질서 정연하게 이루어지는 것을 아주 중요하게 생각해요. 하나씩, 하나씩, 서열과 마디를 따라, 진주 목걸이처럼 그렇게 가지런히 배열돼 있어야 하지요. 처음 것은 첫자리에, 그리고 나머지는 나머지 자리에 와야 해요. 모든 것에는 다 때가 있고 자리가 있는 법이거든요. 그렇게 돼야 해요. 그렇게 되면 아무 문제가 없어요. 하지만 갑자기 질서가 무너지면 큰일 나요! 다시금 카오스가 지배하지요. 나쁜 것이 힘을 넘겨받아요. 그러면 지구는 황량해지고 텅 비게 돼요. 어두워져요. 인간이든 고양이든 그것을 원하는 이가 있을까요? 절대로 그렇지 않을 거예요! 그렇기 때문에 나는 예로부터 전해 오는 질서를 지키고자 '처음 것'부터 시작하려 해요.

이미 통성명을 했지만, 내 이름은 카터른베르크의 루푸스예요. 고양잇과에 속하지요. 정확히는 펠리스 실베스트리스 카투스(Felis Silvestris Catus), 간단히 말해 집고양이예요.

내가 고양잇과 가운데 손꼽히는 '버전'일 거라고 기대했다면 실망하지 마세요. 고대 이집트의 고양이 여왕이던 바스테트(고대 이집트의 풍요와 다산의 여신으로, 고양이 모습을 하고 있음-옮긴이) 또는 웃음 고양이는 이미 사라지고 미소만 남아 있어요. 아니면 스머프의 영원한 적인 아즈라엘(《개구쟁이 스머프》에 나오는 붉은 고양이 – 옮긴이)을 기대했나요? 어쩌면 늘 굶주린 고양이 가필드(미국 만화 〈가필드〉 주인공인 고양이 – 옮긴이)를 기대했을지도 모르겠네요.

난 캣우먼(영화 〈캣우먼〉의 주인공 – 옮긴이)의 모험적인 행동에 대해서도 일일이 말하고 싶지 않아요. 당신에게 그런 이야기가 흥미로울지 모르겠지만요. 그 밖에 다른 이야기도 할 수 없어요. 시간이 없거든요. 수고양이 미케슈(독일에서 가장 뚱뚱한 고양이로 이름을 날린 고양이 – 옮긴이)마저 은퇴해서 프라하의 고양이 마을에 있는 카르카토이저 수도원에서 그동안의 모험 후유증을 달래며 살고 있어요. 의사들이 그에게 외부 세계와 일절 접촉하지 말라고 했답니다.

내가 속한 일반적인 집고양이에도 수백 가지의 버전과 수천 가지의 모양이 있어요. 몸집, 색깔, 특색이 조금씩 달라요. 따라서 나는 아주 독특한 존재이고, 나에 대한 독점권은 당신에게 있어요. 그러므로 나를 그저 한 개체의 고양이로 보아 주세요. 내가 특히 자랑스럽게 떠벌리고 싶은 것은 내가 잡종이라는 사실이에요. 모든 종의 가장 좋은 점만을 두루 취했지요.

'잡종'이라는 말이 별로 좋게 들리지 않을 거예요. 원래 '잡종'이라는 독일어 단어는 '헛간에서 낳았다'라는 것 외에 별다른 의미가 없지만 말이에요. 잡종이라는 말은 우리 고양이들에겐 그리 특별하거나 명예를 훼손하는 말이 아니지요.

잡종이라는 말이 별로 듣기 좋지 않다면 나를 '하이브리드'라고 불러 줘요. 이 또한 '잡종'이라는 뜻이니까요. 인간들에게는 하이브리드라는 말이 약간 더 좋은 인상을 주지요. 인간들이 일반적으로 '자동차'라 부르는, 삐걱거리고 냄새나는 상자를 그렇게 부른 다음부터는 말이에요.

인간이 우리를 '펠리스 실베스트리스 카투스'라고 이름 지은 것은 그들이 일을 얼마나 번거롭게 처리하는지를 보여 주는 전형적인 사례예요. 이런 복잡한 이름은 시간과 공간을 상당히 낭비하는 처사지요.

우리는 그저 고양이예요. '펠리스(Felis)'가 '운이 좋다'라는 뜻의 '펠릭스(Felix)'와 관계가 있다는 걸 여기서 굳이 확인하고 싶지는 않군요. 우리 중의 많은 고양이가 '펠릭스 더 캣'(미키마우스가 탄생하기 전 가장 인기 높던 미국의 만화 주인공 – 옮긴이)을 따서 펠릭스라는 이름으로 불릴지라도 말이에요.

어쨌든 우리는 '펠리스(Felis)'가 '속이다' 또는 '사기 치다'와 관계가 있다는 말 따윈 강력히 부인해요. 물론 우리 고양이들은 재치 있고 영리해요. 그 어떤 동물도 고양이처럼 그렇게 일찌감치 자신의 행동을 정확하게 알려 주지 못한다는 사실은 학문적으로 입증할 수 있어요. 책을 읽듯이 우리 속을 읽으면 돼요. 읽을 수만 있으면 돼요. 그렇지 않아요? 그럴 능력이 없어서, 우리의 발톱을 느끼게 된다면 그 책임은 스스로에게 있는 거예요.

'카투스'라는 이름이 어디서 유래했는지는 아무도 몰라요. 시리아나 북아프리카로부터 우리와 함께 이곳에 왔을지도 모르지요. 그곳에서는 우리를 '가다' 혹은 '카디스카'라고 불러요. 아무튼 '카투스'라는 이름은 유럽에 퍼지기 시작했고, 이제 어떤 곳에서는 '캣', '가토' 또는 '챗'이라고 불러요. 러시아에서는 '코티'라 부르고, 터키에서는 '케디'라 하지요. 발음만 다를 뿐 모두 같아요.

뭐 다 비슷비슷하지만 중국에서는 우리를 조금 다르게 불러요. 그러나 중국은 아주 멀리 있지요. 곧장 길을 떠나도 고양이 생 한 번을 고스란히 바쳐야 할 만큼 멀지요. 그렇게 멀기 때문에 그곳 인간들은 다르게 생겼을 뿐 아니라, 아주 다른 말을 해요. 중국에서는 고양이를 '마오'라고 한답니다. 쓸 때는 '밭(티엔)', '풀(차오)', '악한(차이)'을 합친 글자로 표현해요. 즉 우리 고양이들은 밭에서 악한 쥐들을 몰아내는 자들이지요.

하나 덧붙이자면, '마오'라는 말은 '여든 살'이라는 뜻이기도 해요. 그래서 중국에선 고양이가 장수의 상징으로 여겨지지요. 그리고 이것은 과히 틀리지 않아요. 우리에게는 일곱 번의 생이 주어져 있으니까요.

일본에서는 고양이를 쓸 때 중국이랑 똑같은 글자를 사용해요. 하지만 부를 때는 '네코'라고 하지요. 우리는 네코라는 이름이 특히 좋다고 생각해요. 나는 '아일로로스'라는 이름도 좋아한답니다. 고대 그리스에서는 우리를 그렇게 불렀어요. '꼬리를 흔드는 자'라는 뜻이에요. 고대 그리스 인들의 뛰어난 관찰력을 추론케 하는 대목이지요. 물론 평소에는 날씬한 소년들이나 관찰했겠지만요.

독일어의 '슈반츠(꼬리)'라는 단어도 '슈벵켄(흔들다)'에서 비롯

되었어요. 춤출 때처럼 왔다 갔다 하는 것, 바람이 이리 저리 부는 것, 한 번은 이곳에 한 번은 저곳에 있는 것 말이에요. 인간들은 바로 그 점 때문에 우리 고양이를 부러워할 거예요. '강아지'라 불리는 족속들도 우리를 약간은 부러워하겠지요. 고양이 꼬리의 부드럽고 우아한 움직임은 늘 분주하게 촐싹대는 강아지의 꼬리 운동과는 비교할 수 없이 품위가 있으니까요. 강아지 꼬리는 관찰자를 신경질적으로 만들 뿐이에요.

하지만 여기서 강아지들이 무슨 관계가 있겠어요. 나는 강아지에 대해 잘 알지 못해요. 이 녀석들과 가끔씩 오다 가다 부딪힐 따름이지요. 그런데 이놈들은 진짜 이상한 것 같아요. 분주하고, 산만하고, 주둥이에 늘 구역질 나는 침을 흘리고 다니잖아요. 또 어찌나 뻔뻔스럽게 생식기를 내보이고 다니는지, 그게 무슨 과거 전성기 때 메달이라도 되는 것처럼 말이에요. 진정한 신사 고양이에게는 어울리지 않는 일이지요. '도기 스타일(Doggy Style)'이라고 말할 수밖에 없어요.

인간들은 우리 고양이들이 음란하다고 말한다면서요? 하지만 강아지들을 좀 보세요. 그들이 얼마나 주인의 다리를 핥고 탐욕스럽게 문질러 대는지. 그 자국은 영원히 남아요. 바지도 버려야 할 거예요.

그러나 이미 말했듯이 나는 강아지에 대해서는 많이 알지 못해요. 그리고 알지 못하는 것에 대해서는 침묵하는 것이 옳다고 생각해요. 우리 고양이들은 그냥 인정하고 내버려 두는 편이에요. 어차피 바꿀 수 없는 일에 대해 흥분하고 화를 내는 것보다는 잠이나 실컷 자는 편이 더 낫지요.

나에 대해 알고 싶을지도 모르겠네요. 나는 전성기에 들어선 수고양이에요. 약간의 견문을 갖추었지만 더 많은 것을 경험하길 바란답니다. 어떤 경험을 하게 될지는 알 수 없지만, 그에 대해 미리 기뻐하는 게 좋지요. 이런 말이 있잖아요.

'있을 것은 있고, 올 것은 오고, 그래도 삶은 여전히 좋더라.'

내 외모를 보고는 나이를 짐작하지 못해요. 물론 한쪽 눈이 더 이상 전처럼 잘 보이지 않는다는 걸 고백해야겠지만요. 그러나 그건 나이 때문이 아니라, 지난한 싸움의 불가피하고도 유감스러운 결과일 뿐이에요. 젊은 시절에 싸움을 많이 했거든요. 자랑은 아니지만 실적도 나쁘지 않았어요.

붉은 갈색 바탕에 흰색 줄무늬가 있는 내 털가죽은 값으로 매길 수 없는 가치가 있어요. 그러나 내 아름다운 외모는 여기서 전혀 중요하지 않아요. 당신도 알다시피 내면의 가치가 중요하니까요.

사실 '루푸스'가 내 유일한 이름은 아니에요. 그것이 '붉다'라는 뜻이고, 빛나는 내 털가죽을 감안하면 내게 아주 잘 어울리는 이름이지만요.

당신도 아실지 모르지만, 고양이는 이름이 세 개예요. 루푸스는 그러니까 말하자면 '공식적인' 이름이지요. 신분증명서, 예방 접종 기록, 서류 등 모든 공문서에 쓰이는 이름이에요. 이런 것들이 아니면 우리는 아무것도 아닐 거예요. 우리는 공식적으로 존재하지 못할 테니까요. 그러면 우리는 밤마다 집 주변을 어슬렁거리며 인간들의 단잠이나 빼앗는 유령에 불과하겠지요. 생각만 해도 슬프니 이런 이야기는 더 이상 하지 맙시다.

그 밖에 우리는 다들 또 하나의 특별한 이름을 가지고 있어요. 인간들과의 일상적인 의사소통에 사용되는 이름이지요. 난 종종 '디키'(뚱보의 애칭-옮긴이)라고 불려요. 이것은 아마도 나의 외모와 관계가 있을 거예요. 그러나 나는 이 자리에서 힘주어 말하고 싶어요. 붉은 갈색 털과 하얀 털이 섞인 다 자란 수고양이에게 7킬로그램은 전혀 과한 몸무게가 아니라는 것! 하여튼 나는 '딕'(뚱뚱한-옮긴이)이라고 불리는 것은 도무지 용납할 수 없답니다. 어떻게 해서든 막을 거예요.

나는 뚱뚱하지 않아요! 비만은 더더욱 아니에요! 영양 상태가 좋은, 건장한 또는 생이 즐거운 고양이 정도가 되겠지요. 아니면 즐기는 자 정도이거나. 이와 다르다고 말하는 이에겐 곧바로 결투를 요청하는 바예요!

그런데 잠깐, 이런 논쟁이 어디에 쓸모가 있겠어요. 이런 이야긴 그만해요! 나는 내 몸무게와 내 몸을 사랑해요. 나는 내 몸이 아주 좋아요. 그것만이 중요하고, 그 밖에는 아무것도 중요하지 않아요. 자, 이야기는 끝났어요!

흥분을 가라앉히기 위해 아무래도 얼른 참치와 새끼 고등어를 조금 먹어야 할 것 같아요. 참치와 고등어는 맛이 아주 탁월하고, 신경을 안정시켜 주고, 게다가 혈압을 낮추어 주지요. 작은 알루미

늄 캔에서 그 이상의 것을 기대할 수 있을까요? 그 정도면 거의 최상이지요! 원하는 것을 언제나 얻지는 못하지만, 오래 기다리다 보면, 결국 필요한 만큼은 얻어요. 세상은 그렇게 돌아가요.

우리 고양이들에게는 세 번째 이름도 있어요. 하지만 그 이름은 우리 자신만이 안답니다. 아무도 발설하지 않아요. 소리 내 말할 수 없고, 발음할 수 없는 이름이거든요.

하지만 당신은 나의 친구니까 내 비밀 이름을 알려 드릴게요. 비밀 이름은 바로 △☼∫∞‡◌*∩이에요. 자, 이제 아셨지요? 이 이름을 어떻게 발음해야 하는지는 스스로 알아내셔야 해요. 그렇지 않으면 그건 비밀이 아니잖아요. 하지만 주의하세요. 당신이 그 이름을 한 번이라도 틀리게 발음하면 그로부터 7년 동안 불행한 일만 일어날 테니까요.

하하, 이건 농담이에요. 고양이의 유머지요. 그런 저주는 당신이 고양이를 때리거나 익사시킬 경우에만 적용돼요. 그것도 검은 고양이에 한해서 말이에요. 게다가 그 검은 고양이가 마녀가 변신한 고양이일 경우에 한해서예요. 붉은 갈색과 흰색이 섞인 털을 가진 우리 고양이들은 검은 마술을 사용하지 않아요. 색깔만으로도 벌써 어울리지 않는 일이잖아요. 그리고 검은 고양이가 불행을 가져오느냐 아니냐는 대부분 그 대상이 인간이냐 쥐냐에 달려 있다는 사실을 명심하세요.

혹시 모든 고양이는 꼬리에 기적을 행하는 털을 가지고 있어서, 그것으로 죽은 이의 영혼을 다시금 육체로 되돌릴 수 있다는 걸 알고 계셨나요? 지진 같은 재해를 예측할 수 있다는 것은요? 또는 어떤 인간의 임박한 죽음을 예측할 수 있다는 것은요? 그리고 고양이가 마법에 걸린, 숨은 보물의 수호자라는 것은요? 아아, 내 말을 믿지 못하겠다고요? 그렇다면 난 이렇게만 말할게요. 조심해요! 어쨌든 하느님이 인간보다 우리를 먼저 창조했으니까요. 하느님은 우리에게 인간이 알아서는 안 될 비밀들을 알려 주었지요. 그리고 우리 고양이들은 그 비밀들을 절대 발설하지 않아요. 그러니 가장 좋은 것은 그에 대해 묻지 않는 거예요!

고양이는 원래 말을 할 줄 알아요

이제 나에게 왜 고양이의 침묵을 깨고 이야기를 시작했는지 물어봐도 좋아요. 내가 인간들에게 뭔가 할 말이 있었다면 왜 진즉 하지 않았는지 궁금하시겠지요? 아니면 다른 고양이라도 말했든지 말이에요.

고양이는 많아요. 그러니 최소한 고양이 한 마리쯤은 말을 할 수 있었을 거예요. 독일에만 팔백 만 마리가 있으니까요. 어쨌든 백 집 중 열다섯 집에는 고양이가 살지요. 자동차 수보다는 적지만 강아지 수보다는 많아요.

우리 고양이들은 오랜 세월 인간들과 충분히 이야기를 했어요. 사원에서, 수도원에서, 도서관에서, 부엌의 조리대 앞에서요. 우리는 인간들의 가장 친한 친구였어요. 다른 동물들은 접근이 허용되지 않는 곳에서도 환영을 받았으니까요(개들은 절대 안 되는 곳 말이에요). 침실, 아이들 방, 여자들 방을 맘대로 드나들었지요. 우리는 인간들과 친했고 순간순간마다 인간들과 연결돼 있었어요. 아이를 낳을 때, 태어날 때, 병들고 죽을 때…….

우리는 언제나 약자의 파트너였어요. 여자들, 아이들, 노인들이 우리의 친구였지요. 이 점이 남자들의 화를 돋우었나 봐요. 어느 순간 남자들이 흑색선전을 시작했답니다. 우리가 사탄의 하수인이라고요. 또 마법사와 마녀가 툭하면 고양이 모습으로 변신한다고 말이에요.

게다가 아기들을 잘 돌보지 않으면 우리가 아기들을 해하고 죽인다는 소문이 곳곳에서 돌았어요. 그래서 적어도 네 살이 될 때까지는 아기들 가슴을 가죽 에이프런으로 감아 주어야 한다고 했지요. 정말 끔찍한 세월이었어요. 정말로요! 아이들에게뿐만 아니라 우리 고양이들에게도요. 심지어 우리가 다 큰 어른들을 살해했다는 소문도 났어요. 잠을 잘 때 우리가 그들의 얼굴을 깔고 앉아 그랬다고요. 하지만 그것은 결코 정식 법정에서 증명되지 않았어요. 그리고 만약 그런 일이 있었다 해도, 그런 인간들은 틀림없이 죽어 마땅한 인간들이었을 거예요.

이런 말도 안 되는 중상 모략만이라면 그래도 괜찮았지요. 더 화가 나는 일은 당시 매일매일 우리 모피를 그냥 두지 않았다는 거예요. 인간들은 맘대로 고양이를 죽여 털가죽을 귀 위에 쓰고 다녔어요. 또는 툭하면 재미 삼아 우리를 화형장으로 던져 버렸지요. 마녀와 함께 혹은 우리만요. 그러니 더 이상 아무도 우리와 상종하지 않으려 한 것도 놀랄 일이 아니지요. 하물며 우리를 가까이할 수 있었겠어요?

따라서 우리는 더 이상 인간들과 이야기하지 않기로 결심했어요. 별 도리가 없었으니까요. 우리에 대해 아무것도 알고 싶지 않다면 우리도 그쪽을 알려고 할 필요가 없지요. 1582년, 우리가 '위대한'이라는 칭호를 붙여 부르는 수고양이 미치슬라프가 침묵의 계명을 선포했어요. 대부분의 고양이가 이 규칙을 계속 지킨답니다. 이 규칙은 인간들과 꼭 필요할 때만 접촉할 수 있도록 야옹거리는 것을 허락하고 있어요. 그러나 그것으로는 결코 충분하지 않아요. 무엇보다 인간들은 그것만으로는 아무것도 시작할 수 없어요. 따라서 인간들이 뭐가 문제인지 이해할 수 있도록 우리는 몇 개 안 되는, 확실한 신호만 사용해야 한답니다. 이런 형태의 의사소통은 연습만 조금 하면 아주 실용적이에요. 우리 고양이들이 오늘날까지 살아남아 있다는 것으로도 그 사실을 알 수 있지 않겠어요? 그것도 아주 잘 살고 있잖아요.

덧붙이자면, 우리 고양이들은 끼리끼리 말하고 논쟁하는 걸 좋아해요. 섬세하고 상세하게 세상 돌아가는 것에 대해 토론하고, 교류하고, 경험을 나누지요. 우리 중 몇몇은 쥐의 패권을 어떻게 저지할 수 있는가에 대해 심각하게 고민하기도 한답니다. 이런 문제는 인간들은 잘 모르는 것이지요.

그러나 물음은 남아요. 왜 수고양이가 전에는 그러지 않다가 이제야 비로소 이야기를 하는가? 자, 이제 나는 때때로 고양이가 중요한 생각들을 말로 표현했다는 것을 언급해야겠네요. 카를로라는 이름의 초고양이(초인의 패러디—옮긴이)를 생각해 보세요. 그는 자신을 이탈리아 출신이자, 외교관이자, 호텔 고양이(호텔리어의 패러디—옮긴이)라고 소개하는데, 그의 수많은 모험은 철학자 프리드리히 미체(독일의 철학자 프리드리히 니체의 패러디—옮긴이)에게 아주 커다란 영향을 끼쳤어요. 그리하여 미체는 '초고양이는 지구라는 의미다'라고 했지요.

또한 고양이와 작가들 간의 유대는 이미 거의 전설적이지요. 단테, 괴테, 포, 트웨인, 바이런, 콕토, 헤밍웨이 또는 이런저런 작가들이 인간들에게서만 영감을 받았다고 생각하세요? 아휴, 모르시는 말씀! 이들이 그렇게 오랫동안 고양이와 같이 살았다면, 어떤 영감이나 교감, 학습 같은 것이 일어나지 않았을까요? 아휴, 그렇게 바보같이 굴지 마세요!

보들레르만 해도 그래요. 그는 고양이를 보면 멈춰 서서 충분히 쓰다듬어 주지 않고는 지나치지 못했다지요. 오래 체류하는 곳에서는 늘 고양이와 만났어요. 그렇게 교양 있는 남자가 아무 이유도 없이 그랬겠어요?

이 자리에서 또 한 가지 선입견에 대해 해명하고 싶어요. 고양이들, 특히 우리 집고양이들은 이런 선입견에 곧잘 시달리는데, 그것은 바로 우리 고양이들이 멍청하고, 정신 박약이며, 지적 능력이 아주 낮다는 생각이에요.

인간들은 강아지에게나 하는 그 값싼 훈련이 먹혀들지 않는다는 이유로 우리를 바보 취급하지요. 인간들은 얼간이를 대하듯 우리에게 "여기야, 퍼시, 퍼시!", "이리 와, 야옹아! 이리 와!"라고 말해요. 그리고 나서 우리가 정말로 그렇게 움직여 주면 아주 길고 높은 소리로 "자알했어!"라고 하지요. 그런 순간에 고양이를 유심히 관찰해 보신 적 있나요? 고양이 표정에 얼마나 강한 혐오와 동정심이 깃들어 있는지 눈치채실 거예요. 한 옥타브 높여서 말하는 것이 얼마나 바보스러워 보이는지 인간들은 알지 못해요. 그렇게 해야 우리 고양이들이 인간들 말에 더 귀 기울인다고 생각하는 걸까요? 천만에요!

그런데 지성에 대해서 말인데요. 하느님이 인간을 부족한 존재로 창조했기 때문에 인간은 자신의 결함을 상쇄시키려고 처절하게 노력하지요. 새처럼 날기 위해 비행기를 개발하고, 치타처럼 빠르게 달리기 위해 자동차를 개발하고, 고양이처럼 우아한 꼬리를 갖기 위해 우스꽝스러운 옷을 만드는 것은 인간의 시기심 때문이라고 생각해요.

인간들에게서 자신감을 빼앗을 생각은 추호도 없어요. 하지만 인간들의 자신감은 단지 몇 천 년에 걸쳐 학문과 기술에서 몇 가지 알량한 성공을 거두었다는 데서 비롯돼요. 네, 그럴 수 있어요. 엄청난 성공들이었으니까요. 인정해요. 하지만 그것은 그들이 아주 뻔뻔하게도 우리를 베꼈기 때문에 가능했어요. 여기서 누가 저작권을 묻겠어요? 우리 고양이들은 그 모든 것이 필요 없어요.

일찍이 많은 인간이 고양이가 천성적으로 수준 높은 동물이라는 사실을 알고 있었어요. 고양이 신체 구조가 이미 그런 탁월함을 보여 주지요. 이제 당신은 무엇 때문에 인간들이 우리를 그들 가까이로 데려왔는지도 알 거예요. 고양이들은 자연스러운 완벽함의 모범이니까요. 그런 완벽함이야말로 인간들이 그렇게 되고자 무척 애쓰는 것이잖아요. 이미 오래전 인간들은 그런 점을 잊은 것 같아요. 하지만 옛날에는 정확히 알았기 때문에 우리를 신전에 놓고 떠받들었지요.

인간들은 우리가 자신들과 이야기할 수 없다는 이유로 우리를 지적인 존재가 아니라고 생각해요. 이는 어쩌면 당연한 일일지도 몰라요. 하지만 인간들처럼 언어를 통해서만 의사소통을 하는 게 더 이상한 일이에요. 우리 고양이들은 여러 가지 방법으로 의사소통을 해요. 예를 들면 냄새나 콧수염 같은 것으로도 하지요(가르랑거리는 소리는 콧수염으로 내는 게 아니에요).

이미 말했듯이, 인간은 우리와 이야기할 때 우리를 바보 취급하니 우리에게서 대답을 얻지 못하는 거예요. 장화 신은 고양이로 알려진 유명한 고양이 힌체는 우리가 인간들을 대할 때 언어를 경멸하지 않는다면 우리는 모두 말을 할 수 있게 될 거라고 했어요. 맞아요, 힌체!

우리가 말을 하지 않는다고 해서 생각조차 하지 않는다고 보는 것은 오산이에요. 우리가 온종일 라디에이터 앞에 누워 있거나 눈을 꼭 감고 있는 것이 헛되다고 생각하세요? 나는 그곳에서 언제나 은밀히 연구를 하고 있었어요. 그 와중에 사고력이 점점 자라나지요. 고양이들이 밤에만 영리한 것이 아니라는 점을 명심해 주세요.

물론 연필과 종이로는 아니지만, 우리 고양이들도 쓸 수 있어요. 아직 컴퓨터에서 사용할 수 있는 실용적인 자판이 개발되지 않아서 유감이지만요. 아마도 머지않아 이루어지겠지요. 그때까지는 계속 고전적인 방법을 활용할 거예요. 우리는 필요할 때마다 냄새로 표지를 남겨요. 그것은 우리의 은밀한 편지이자, 신문이자, 도서관이에요. 냄새의 다양성과 품질 면에서는 인간 기술이 따라잡지 못할 수준이랍니다.

인간 세상을 이롭게 할 고양이 철학, 한번 들어 보세요

너무 수다스럽게 굴었다면 미안해요. 하지만 우리 고양이들이 이렇게 인간과 이야기를 나눌 기회를 갖는 건 아주 드문 일이니 이해해 주세요. 수백 년간 인간과 이야기를 나누지 못하다 보니 그 후유증이 남았나 봐요. 우리가 인간들에게 충고와 조언을 얼마나 하고 싶었는지 짐작이 가세요? 어쨌든 우리는 기억력이 좋은 탓에 인간들이 계속해서 같은 실수를 저지를 때 너무나 마음이 아팠어요.

우리는 인간들이 고양이들에게서 배울 수 있다는 것을 깨닫는다면, 인간들이 약간 이성적인 존재가 될 수 있지 않을까 하는 소망을 품었어요. 즉 자유를 배울 수 있다면 말이에요! 우리 고양이들이 이미 고대 로마 시대부터 늘 자유의 상징으로 여겨졌다는 것을 아직 모르셨나요? 자유의 여신 리베르타스는 머리에 우아하게 모자를 쓰고, 그녀의 발치에는 아주 멋진 고양이가 행복하게 누워 있었어요. 그것이 무슨 의미인지는 모두가 알았지요.

당시 인간들은 이미 우리 고양이가 독립성이 강하다는 것, 어떤 이들이 말하듯이 심지어 배은망덕하다는 것을 알고 있었어요. 우리는 강제력에 굴복하지 않아요. 단지 스스로에게 이성적이고 유익하게 보이는 대로 행동할 뿐이에요. 우리는 아무에게도 의존하지 않고, 무리도 필요 없으며, 자기 자신이면 충분해요. 노예도 아니고, 하인도 아니에요. 우리 자신의 노예도 아니고, 인간의 노예는 더더욱 아니랍니다. 우리는 어떤 지배에도 굴복하지 않아요. 물론 폭력은 피하지만요.

따라서 우리가 프랑스 혁명 당시 자유의 상징이 된 것은 놀라운 일이 아니에요. 배운 인간들이 그들의 친밀하고 사랑스러운 동반자로 우리를 고른 것도 놀랄 일이 아니고요. 과장하고 싶지는 않지만, 인권 선언이 제정될 때 우리 고양이들은 인간들 눈앞에 있었어요. 1789년 8월 26일 파리에서 국민 의회가 인권 선언을 통과시켰을 때 우리 중 몇몇이 그곳에 있었다는 건 확실해요. 그리고 그들이 가장 처음으로 찬성한다는 뜻에서 앞발을 쳐들었다는 것에 자부심을 느껴요.

당시 전 세계 고양이들은 이제부터 인간들도 우리처럼 살 수 있겠구나 생각했어요. 자유를 누리고 존중받으며 행복하고 만족스럽게 말이에요. 우리 고양이들에게 '명령', '복종', '권위' 같은 나쁜 말들이 필요하지 않은 것처럼, 인간들의 언어에서도 그런 말들이 영원히 사라지기를 우리가 얼마나 바랐는지 몰라요. 인간들이 평화스럽고 아무 탈 없이 살아갈 수 있기를 얼마나 꿈꾸었게요. 그렇게 되었다면 우리는 아주 흡족했을 거예요. 이처럼 우리의 가장 커다란 소망은 늘 인간들에 관한 것이었어요.

그러나 희망이 큰 만큼 실망도 컸어요. 자유에 대한 약속은 다시 빠르게 과거가 돼 버렸지요.

그 옛날 파리 한복판 데 파브라스 후작의 대저택에서 아주 행복하고 만족스럽게 살던 고양이가 있었어요. 매일 밤 부엌과 지하실을 누비며 쥐를 몇 마리씩 잡아, 다음 날 아침 인간들이 빵과 포도주를 마음 편히 먹을 수 있도록 했어요. 이것은 의무인 동시에 기쁨이었답니다. 그 고양이는 즐겁게 인간과 고양이 사이의 태곳적 계약을 지켰으니까요.

이 멍청한 후작이 정치 싸움에 휘말리게 된 것이 그 고양이 잘못이었을까요? 그 후작이 배신당하고 1790년 2월 어느 날 아침 교수대에서 생을 마치게 된 것이? 아니에요. 고양이에게는 아무 잘못도 없었어요. 고양이들에게 인간의 그런 일들이 무슨 상관이 있겠어요. 그러니 고양이가 후작의 무덤을 찾아내 앞발로 땅을 긁어 대며 아주 구슬픈 소리를 낸 것은 아마도 예의 바른 고양이에게는 당연한 일이었겠지요.

그런데 이런 고상한 행동에 대해 폭도들이 어떻게 반응했을까요? 이야기해 드릴게요. 고양이는 폭도들에게 자신의 행동을 들켰고, 어느 자코뱅파 당원이 고양이의 격한 저항에도 불구하고 고양이 목덜미를 움켜쥐었어요. 그리고 고양이를 감옥에 가두어 버렸지요.

그 소식은 페스트처럼 도시의 더러운 거리들로 퍼져 나갔고, 폭도들이 감옥 앞에 모였어요. 그리고 그들은 소리를 지르고 날뛰며 고양이의 죽음을 요구했어요. 기회 있을 때마다 '자유'라는 숭고한 단어를 내뱉고 다니던 혁명가들은 법정으로 고양이를 끌어냈고 사형 선고를 내렸지요.

그 피비린내 나는 공포 정권에 희생된 고양이는 이 고양이 하나뿐 아니에요. 몇 백 마리가 사로잡혀 단두대에서 머리를 잘렸지요. 재판도 없이, 판결도 없이, 단지 부랑아들의 조악한 재미를 위해서 말이에요.

우리 고양이들은 그로부터 쓰디쓴 교훈을 얻었어요. 인간을 믿어서는 안 된다는 교훈 말이에요. 옛날에 우리, 즉 인간과 동물을 파라다이스 에덴동산으로부터 쫓겨나도록 만든 것은 다름 아닌 인간들의 멍청함과 뻔뻔스러움이었거든요(여기서 아주 공개적으로 그 이름을 말할 수 있어요. 바로 아담과 이브였지요).

인간이 우리를 다시금 에덴동산으로 들여보내 줄 수 없었기 때문에, 그것이 믿음으로도, 진보로도, 돈으로도, 좋은 말로도 안 되었기 때문에, 나는 지금 여기에서 목소리를 높이는 거예요. 할 말을 좀 하기 위해서요. 여러 이야기를 해야 할 때가 무르익었기 때문이지요. 나는 인간들에게 일곱 번의 생을 사는 고양이들의 철학에서 비롯된 지혜를 전수해 주려고 해요.

  자, 아침이 오기 전에 서둘러 시작할게요.

1장 잠꾸러기 고양이, 루푸스

완전한 휴식이
당신을 지혜롭게
할 거예요

완전한 휴식이
당신을 지혜롭게
할 거예요

잘 자는 연습이 필요해요

우리가 시작 부분에 집어넣을 만큼 중요하게 생각하는 것이 과연 무엇일까요? 먹을 것도, 사냥도, 섹스도 아니에요. 또한 매너 있게 우리 배를 쓰다듬어 주는 것도 아니에요. 물론 우리 대부분은 쓰다듬어 주는 손길을 아주 좋아해서, 신사 고양이가 보통 때는 품위 때문에 포기하는 모든 종류의 몸 비틀기를 보여 준다는 점을 인정해도 말이에요.

 우리 고양이에게 가장 중요한 것은 바로 잠이에요! 눈을 의심하지 말아요. 맞게 읽었어요. 바로 '잠'이라니까요. 위대한 고양이 철학자인 수고양이 쇠렌 키르케카츠(덴마크의 철학자 쇠렌 키르케고르의 패러디—옮긴이)는 아름다운 고양이의 철학적 시에서 이렇게 표현했어요.

'잠, 그것은 가장 천부적인 것이다.'

이 '가장 천부적인' 잠은 인간들이 알지 못하는 크나큰 신비이기도 하답니다. 물론 우리 고양이들은 잠이 무엇인지 아주 잘 알고 있어요. 우리는 인간들보다 보통 두 배 정도 많이 자요. 하지만 요즘 인간들은 잠을 점점 더 줄여야 하지요. 많이 자면 하룻밤에 일곱 시간이나 잘 수 있을까요?

우리 고양이들은 하루에 보통 열여섯 시간, 최소한 열네 시간은 자요. 우리가 얼마나 자주, 그리고 정확히 얼마나 오래 자는지에 대해 두 다리로 걷는 학자들은 합의를 보지 못하고 있어요. 어쨌든 하루 대부분을 잠으로 보낸다는 사실 자체가 우리에게 잠이 얼마나 중요한지를 만천하에 똑똑히 알리는 것이지요.

우리 눈에 특히 불합리해 보이는 점은 인간들이 자신의 수면 능력을 개선하기는커녕 원래 가지고 있던 기술마저 잃어버리고 있다는 거예요. 그래서 인간들은 종종 누군가 아주 깊이 잘 자는 걸 보면 '아기처럼 쌔근쌔근 잔다'고 말하지 않나요? 그리고 나이 든 인간은 한 번에 오래 자는 것은 고사하고 거의 깊은 잠을 자지 못하잖아요. 그렇지요?

또한 나는 인간들이 '수면 기술'을 연습한다는 소리를 잘 들어 보지 못했어요. 다른 분야에서는 늘 노력하고 때로는 자신이 정한 기준에 못 미치면 좌절하면서도 말이에요. 다른 동물들이 태어나면서부터 아주 완벽하게 하는 걸 조금만 따라 할 줄 알게 되어도 기뻐

더 잘 자는 기술,
수면 기술을 연습해야 해요.
하지만 인간은 타고난 수면 능력을 개선하기는커녕
원래 가지고 있던 기술마저 잃어버리고 있죠.

서 어쩔 줄 몰라 하며 뻐기면서 말이지요.

그리고 바로 그 점 때문에 타고난 수면 능력을 왜 계속 갈고닦지 않는지 이해를 못하겠어요. 노래나 춤, 연설에 들이는 정도만 노력해도 인간은 수면 분야에서 대단하고, 걸출하고, 어마어마하고, 환상적인 능력을 갖게 될 거예요.

제대로 잠을 자지 못하는 인간을 보면 정말 안타까워요. 이미 여러 해 전에 어느 고양이 철학자는 지능과 잠 사이에 깊은 연관이 있다는 사실을 확인했어요. 그는 두뇌가 크고, 지능이 높을수록, 두뇌가 더 많이 활동할수록 잠이 더욱더 필요하다고 말했어요. 달리 말하면, 영리한 자는 잠을 많이 잔다는 거예요! 이런 설득력 있는 말을 한 고양이 철학자는 바로 아르투르 포텐하우어(독일의 철학자 아르투르 쇼펜하우어의 패러디로. 포텐은 동물의 앞발을 의미—옮긴이)예요. 포텐하우어는 이 공로로 고양이 철학계에서 걸출한 업적을 낸 철학자에게 수여하는 가장 저명한 상인 '프릭스 두 샤 도르' 상을 받았지요.

또한 쾰른 출신인 홉스라는 수고양이는 오래전 인간들은 곳곳에서 끊임없이 서로 신랄하게 싸운다는 사실을 깨달았어요. 그는 고양이 언어로 '인간은 인간에게 늑대다'라고 결론지었지요. 그 말은 눈에 거슬리는 개새끼 같은 인간이 많다는 거예요. 걸리적거리는 것이면 무엇이든 짖어 대고 물어 대는 인간들 말이에요.

그런 늑대 같은 인간은 상대방에게 도무지 잠을 허락하지 않아요. 상대방이 자신보다 더 재기 발랄하고 명민해서 자기를 제압할 수 있는 상황을 원치 않기 때문이지요. 그래서 인간들은 잠 기술을 더 완벽하게 다듬는 데 관심을 쏟는 대신 반대로 다른 이들의 잠을 방해할 수 있는 섬세한 기술을 개발했어요.

나는 인간들이 발명한 희한한 도구 대부분은 소음과 악취로 다른 인간들이 쉬는 것을 방해하는 목적에만 기여한다는 사실을 확신하게 되었어요. 한 가지 예를 들어 볼게요. 인간들은 먼지를 빨아들인답시고 가는 꼬리를 가진 뚱뚱한 쥐처럼 보이는 도구를 구해 와요. 하지만 별로 소용이 없어요. 더러움은 조금 없어지지만 엄청난 소음이 남으니까요. 아무도 잠을 잘 수 없지요. 그러니 우리 고양이들이 그런 구역질 나는 흡입 기계를 만장일치로 '자연의 적 제1호'라고 선포한 것은 놀랄 일이 아니에요.

잠은 자신을 발견하는 최상의 방법이에요

우리 고양이들은 태어나면서부터 완벽한 잠꾸러기들이에요. 태어나자마자 우리는 두 주 동안 눈도 뜨지 않고 잠만 잔답니다. 그렇게 우리는 나머지 세계를 발견하기에 앞서 우리 자신을 알게 되지요. 자신에 대해 아무것도 모르는 채 어떻게 타인과 다른 점들을 알 수가 있겠어요. 자신을 아는 인간만이 다른 인간에게도 가까이 다가갈 수 있지요.

우리는 자신을 발견하는 최상의 길은 바로 잠이라는 사실을 잘 알고 있어요. 아무 생각도 없이, 아무 행동도 하지 않고, 아무것도 느끼지 않고 그저 고양이로만 있을 수 있는 얼마나 행복한 순간인지요. 아주 순수하고, 아주 깨끗하고, 진정한 실존! 꿈도 꾸지 않는 깊은 잠.

고양이 철학에서 잠은 영혼이 자기 자신과 온전히 하나가 되는 자연스러운 방식이에요. 그것은 고양이 철학의 멋지고, 진실하고, 선한 지혜 중 하나에 속하지요. 잠을 자면서는 온전히 자기 자신이 될 수 있어요. 자신을 위해 존재하는 것이 아니라 그냥 자기 자신이 되는 거예요. 당신이 생각하기에 복잡해 보일지도 모르겠어요. 실제로도 그렇고요. 하지만 모든 고양이가 수천 년 전부터 그것이 무엇인지 체득하고 있다면, 당신도 할 수 있을 거예요. 한번 시도해 보세요.

잠은 잃어버린 무죄의 상태, 천국과도 같은 무죄의 상태로 복귀할 수 있는 유일한 가능성이에요. 잠을 잘 때는 우리 모두 똑같아요. 강한 자나 약한 자나, 영리한 자나 미련한 자나, 큰 자나 작은 자나, 선한 자나 악한 자나……. 그리하여 카치스토텔레스(고대 그리스의 철학자 아리스토텔레스의 패러디―옮긴이)는 아주 오래전에 《미초마코스 윤리학》(아리스토텔레스 《니코마코스 윤리학》의 패러디―옮긴이)에서 잠을 잘 때는 선인과 악인이 거의 표시가 나지 않는다고 말했어요. 잠을 자는 인간은 죄를 짓지 않아요. 그 사실엔 의심이 없어요. 고양이들 생각에 따르면, 잠은 자연이 허락하는 가장 커다란 선물 중 하나예요.

모든 인간이 지구 전역에서 동시에 잠을 자지 않고 활동하는 것을 상상해 보세요. 당신은 내게 이렇게 말할 거예요.

"그걸 상상하는 데 상상력 따위는 필요 없어요. 현대의 삶은 정말로 모든 인간이 동시에 깨어 활동하니까요."

그러고는 나는 전혀 관심도 없는 것들에 대해 설명해 줄 거예요. 글로벌화, 자금 시장, 진보, 성장…….

나는 모든 인간이 그렇게 부지런을 떨다가 가진 돈을 다 잃으니 몇 시간 더 자는 것이 좋을 거라고 말하고 싶어요. 보아하니 이제 우리 고양이들을 아주 우아하게 먹이고 돌보기 위한 돈도 부족한 것 같아요. 인간들이 실수를 하면 결국 우리까지 어리석은 자들이 돼 버리지요.

예전에 에덴동산에서처럼 지금도 우리가 이런 일에 전혀 책임이 없음에도 불구하고 우리는 다시금 고통을 받아야 해요. 당시 우리가 무슨 사과(선악과를 빗대는 말 – 옮긴이)라도 한입 베어 물었나요? 우리가 하느님의 명령을 어겼나요? 우리가 어떻게 그럴 수 있었겠어요!

나는 인간들이 잠을 자연의 은혜로운 선물로 받아들였으면 좋겠어요. 그러면 인간들은 최소한 하루에 몇 시간은 활동하지 않게 돼 더 이상 어리석은 짓은 하지 않겠지요. 이는 인간의 힘은 언제나 기절한 듯한 상태가 되는 잠에서 한계를 발견하게 된다는, 하느님의 절박한 경고와 연결돼 있어요.

잠을 자는 인간은 죄를 짓지 않는다고 나는 이미 앞에서 말했어

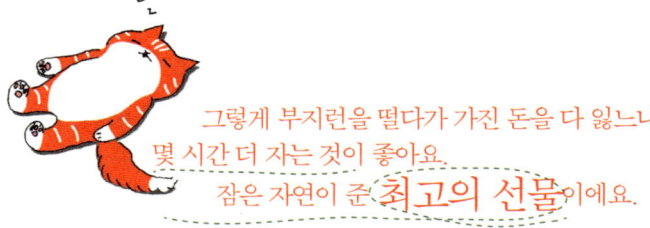

그렇게 부지런을 떨다가 가진 돈을 다 잃느니
몇 시간 더 자는 것이 좋아요.
잠은 자연이 준 최고의 선물이에요.

요. 인간들이 깨어 있는 동안에 얼마나 많은 죄를 짓는지를 생각해 보면, 이것은 아주 좋은 일이에요. 어리석어서 죄를 짓건, 악해서 죄를 짓건 그것은 차치하고 말이에요. 그리고 그것은 또 그다지 중요하지도 않아요. 행위의 결과가 중요하지, 의도가 중요한 것은 아니니까요.

이것은 아주 간단한 수학 문제예요. 인간이 더 많아질수록, 그들이 더 적게 자고 더 오래 살수록, 그들은 죄를 더 많이 짓게 돼요. 물론 모든 인간이 언제나 죄만 짓는 것은 아니에요. 나는 인간들이 자신의 실수로부터 무언가를 배우기를 바라고 있어요(여기서 나는 '희망'을 말하는 것이지, '경험'이나 '확신'을 말하는 것은 아니라는 사실을 생각해 줘요).

그다지 계산적이지 않아서 평소에는 수학과 거의 상관없이 사는 우리 고양이들도 더 많은 인간이 더 많은 죄를 지을 거라는 아주 우울한 통찰을 비켜 갈 수는 없어요. 어쨌든 인구가 선과 진실과 아름다움에 대한 깨달음보다 훨씬 더 빨리 불어나는 한 그렇게 될 거예요. 인간들이 우리 고양이를 좀 더 정확히 관찰하기만 하면 선과 진실과 아름다움을 깨닫는 일은 좀 더 쉬워질 텐데 말이에요.

아마 인간들은 약간 불공평하다고 느낄지도 몰라요. 우리 고양이들에겐 태어나면서부터 이런 깨달음이 선물로 주어지거든요. 이런 자연적인 깨달음을 일반적으로 '본능'이라고 부르지요. 맞아요. 나는 우리에게 주어진 고양이의 본능에 대해 이야기하는 거예요. 여하튼 우리 고양이들은 아주 많은 것을 본능으로 받았어요. 우리가 뭔가를 필요로 하면, 그 동기는 내면으로부터 나와요. 덕분에 우리는 스스로 무엇을 해야 하는지를 잘 알지요.

인간들에게도 선천적으로 주어진 본능이 있다고 들었어요. 하지만 인간들은 그것을 신뢰하지 않아요. 인간들이 피곤한데도 억지로 잠을 억누르는 것을 보면 알 수 있어요. 어쨌건 그리스 출신이라고 들은 그 타촌인가 포톤(고대 그리스의 철학자 플라톤의 패러디―옮긴이)인가 하는 고양이 철학자는 모든 인간이 우리 고양이들처럼 선과 진리와 아름다움에 관한 대담한 생각을 가지고 태어났지만 다 잊어버리는 바람에 애를 많이 써서 다시 기억해 내야 한다고 말했어요.

하지만 아무도 그의 말을 듣지 않았어요. 대신 인간들은 다른 해결책을 생각해 냈지요. 인간들은 새로운 것들을 잘 생각해 내거든요. 그리하여 그들은 자연적인 본능의 자리에, 그들이 '문화'라 부르는 것을 두었어요. 내가 모든 걸 올바르게 이해했다면, 결국은 둘 다 비슷해요. 이제는 '본능'이 그들이 언제 무엇을 해야 하는지를 이야기하지 않고, '문화' 내지 그들이 말만 하고 늘 지키지 않는 '도덕'이라는 것이 그런 역할을 하지요.

이런 시스템은 본능처럼 아주 잘 돌아가요. 그러나 유감스럽게도 언제나 그렇게 되지는 않아요. 우리 고양이들이야 언제나 본능을 신뢰할 수 있지만, 인간이 만든 것들이 으레 그렇듯 문화와 도덕에 대해서는 토론이 이루어지거든요.

그리고 도덕에 대해 토론을 오래 해도 이렇다 할 결론이 나지 않는 수가 많기 때문에 당장 이런저런 행동이 올바르냐 그르냐 하는 것에 대해서는 언제나 새롭게 확인을 해야 해요. 그래서 인간은 늘 생각하고 행동하는 것이 불안하지요. 가령 그들이 고양이 먹이로 무엇을 줄 것인가 하는 문제처럼 말이에요. 헷갈린다면 참치나 충분히 주면 끝나는 문제인데 말이지요. 기껏해야 조개와 닭고기, 고등어로 변화를 주는 것을 고려할 수 있겠지요. 그러나 그것은 도덕의 문제가 아니라 취향의 문제예요.

고양이의 게으름을 배우세요

고양이로서 위대한 인류학자가 된 테오도어 카초르노(독일의 사회철학자 테오도어 아도르노의 패러디 – 옮긴이)는 인간의 기본적인 비극은 그들이 무지하게 많은 가능성 중 하나를 선택해야 하는 데 있다고 말했어요. 그렇게 선택한 뒤 인간들은 자신이 다른 것을 선택하지 않았다는 점에 대해 두고두고 화를 내고 후회를 하지요. 그리고 모든 것을 다시금 되돌리려고 절망적인 노력을 해요. 하지만 정말로 되돌릴 수 있는 경우는 극히 드물어요. 한번 구멍 속으로 들어가 버린 쥐는 그리 쉽게 다시 나오지 않거든요.

그러면 이제 기다림이라는 아름답고 오래된 기술을 연습하는 대신 인간들은 분주하고 급하게 이 구멍에서 저 구멍으로 옮겨 다니지요. 물론 그렇게 해서 아주 가끔씩 바라던 쥐를 잡는 행운을 얻기도 해요. 하지만 그들은 그러는 동안에 더 중요한 일을 할 수 있다는 생각을 하지 못해요. 정원에 앉아서 새들을 구경하거나, 난로 앞에 누워 있거나, 털가죽을 관리하거나, 쓰다듬는 손길에 자신을 내맡기거나, 또는 무엇보다 중요한 잠을 자거나 등등을 할 수 있다는 사실을 말이에요.

카초르노에 따르면, 대부분의 인간들은 '호모 헥티쿠스'에 속해요. '헥틱'(분주함을 뜻하는 독일어―옮긴이)이 그들의 삶의 대표적인 특성이기 때문이지요. 그러나 그것은 이 꽃에서 저 꽃으로 쉬지 않고 퍼덕이며 날아다니는 나비의 특성이에요. 인간과 같은 지적인 존재의 품위에는 결코 어울리지 않지요. 인내와 게으름을 혼동해서는 안 돼요.

우리 고양이들이 볼 때 이런 숨 가쁨은 가슴 병의 증상이지요. 짧은 호흡과 더불어 폐결핵의 한 증상이에요. 원래는 당장 병원에 가야 하는 병이에요. 당신이 병원에 가는 걸 아주 싫어하다 못해 불필요하게 여긴다는 걸 우리는 충분히 이해해요.

사실 나도 경험해 보았지만, 우리는 병원에 가는 것을 인간들보다 더 싫어해요. 그나마 인간들은 체온을 우리만큼 구역질 나는 방식으로 재지는 않잖아요.

우리 고양이들은 병원에 갈 때 상자에 갇힌 채 실려 가요. 보통 이런 상자는 병원에 갈 때의 일시적인 이동에만 이용되지요. 하지만 인간들은 일단 한번 상자에 눕히면 대개는 세상을 하직하게 되더라고요.

당신을 교화시키려는 건 아니에요. 하지만 당신은 주어진 단 하나의 생을 좀 더 신중하게 다루어야 할 거예요. 하루 동안 엄청나게 많은 일을 다 처리하려 한다면 그것이 진정한 삶일까요? 저녁에 지친 나머지 헐떡이며 집으로 돌아간다면 그것이 진정한 삶일까요? 더 이상 다른 인간들을 돌볼 시간도 힘도 남아 있지 않다면, 게다가 고양이를 돌볼 시간도 힘도 남아 있지 않다면요? 그리고 다음 날 다시 이런 생활이 반복된다면, 그것이 진정한 삶일까요? 전혀 즐거움이 허락되지 않는 삶이잖아요.

우리 고양이들은 간간이 쥐나 새를 잡아요. 심지어는 우리의 길을 막는 뱀을 후루룩하기도 하지요(하지만 정원의 위생 차원에서 우리가 얼마나 중요한 기능을 하는지는 유감스럽게도 여전히 경시되고 있답니다).

대부분의 인간들처럼 생이 한 번인 경우, 그것을 아주 신중히 다루라는 이야기는 자주 해도 충분하지 않아요. 생이 한 번뿐이라면 아주 중요한 것에 집중해야 하지요. 시간과 에너지의 낭비를 막아야 하고요.

다음 생에는 모든 걸 다르게 할 것이고 업보에 더 주의하겠다고 말하지 마세요. 또는 하느님이 마지막 날에 은혜를 베풀어 당신으로 하여금 괴로움도 눈물도 없는 영생을 영위하게 할 거라고 말하지 마세요. 나는 진심으로 당신이 그렇게 되기를 바라지만, 첫째 당신이 만약 쥐며느리 같은 것으로 환생한다면 다시 인간이 되는 길은 아주 멀 거라는 점을 지적할 수밖에 없어요. 두 번째, 하느님의 은혜를 지나치게 요구해서는 안 돼요. 하느님도 배려하는 데 한계가 있으니까요.

당신이 정말로 괴로움도, 고통도, 슬픔도 없는 삶을 원한다면, 어째서 내가 말한 대로 하지 않나요? 잠을 자세요! 때와 장소를 가리지 말고 잘 수 있을 때마다 자세요! 잠의 은혜는 아주 잘 작동하거든요.

"잠은 인간을 보호 외투로 감싸서 이 세상의 모든 고통과 비참함으로부터 지켜 줘요."

스페인 출신의 산초 칸사(세르반테스의 소설 《돈키호테》에 나오는 돈키호테의 하인 산초 판사의 패러디 — 옮긴이)가 아주 오래전에 한 말이에요.

사실 깨어 있을 때 그렇게 오랜 시간을 들여서 이루어 낸 것들은 꿈나라에서 이미 오래전에 가졌던 것들 아닌가요?

꿈을 이루는 것은 아주 힘들고, 대부분은 그 과정에서 낙담하게 되지요. 우리 고양이들은 이런 경험이 많아 잘 안답니다. 어쨌든 우리는 수만 년 전부터 자신들의 운명을 제 손으로 좌지우지하려 하는 인간들과 더불어 살아왔으니까요. 그리고 정말로 그 일에 성공하는 경우는 거의 보지 못했어요. 인간들은 생의 대부분을 자신에게 주어진 행복의 파편들을 치우느라 바빴을 뿐이에요.

인류학자들은 인류사에서 보여 준 고양이의 행동을 아주 멋지고도 정확히 맞는 개념으로 정의했어요. 바로 '참여적 관찰'이라는 것이지요. 이렇게 관찰한 후에 우리는 밤 미팅에서의 논쟁을 통해 인

하루 동안 엄청나게 많은 일을 다 처리하려 한다면,
저녁에 지친 나머지 헐떡이며 집에 돌아간다면

그것이 진정한 삶일까요?

간들은 정말 비극적인 존재들이라는 결론을 얻었어요. 인간들은 항상 자신들이 할 수 있는 것(능력)보다 더 큰 것을 원해요. 꿈에서 경험한 그 순수한 행복을 깨어 있는 낮에 구현하려고 그렇게 절망적으로 애쓰다가 죄를 짓거나 실패로 끝을 맺으니 진정한 비극이 아니고 무엇이겠어요.

세상을 바꾸려 하지 말고 안식과 평화를 누리세요

우리 고양이들은 본능을 신뢰해요. 본능은 변하지 않아요. 기껏해야 없어질 따름이지요. 그것은 본능이 틀렸기 때문이 아니라, 본능을 둘러싼 그 무엇이 어느 부분에서 변했기 때문이에요. 그것은 본능의 잘못이 아니라는 점을 확실히 해 두고 싶네요.

　상황이 변할 때는 본능을 새로 설정하는 것이 가장 좋은 방법이에요. 물론 그것은 쉽지 않을 수도 있고, 시간이 걸릴 수도 있어요. 희생이 필요할 수도 있고, 어떤 동물에겐 특히나 견디기 힘들 수도 있어요.

　하지만 우리 고양이들은 그럼에도 그것이 가능하다는 것을 보여주는 살아 있는 표본이에요. 다시 말해, 오늘날 우리가 살아가는 환경은 그 옛날 우리 조상들이 적응한 조건들과는 본질적으로 다르다는 거예요. 다른 의견이 있을 수도 있겠지만, 현대의 거실이나 발코니 또는 정원은 예전의 고양이 서식지인 옥수수 창고나 농가와는 전혀 다르잖아요.

'꼭 쥐일 필요는 없다.'

이 역시 우리가 오랜 세대를 이어 오면서 배운 거예요. 참치건, 소시지건 같은 목적을 실현하지요. 맛은 시간이 지나면 익숙해져요. 또한 나는 몇 시간에 걸쳐 힘들게 쫓아다녀 먹이를 마련하고 그 먹이를 자신의 발톱으로 잘게 썰 필요 없이, 식사를 접시에 담아 서빙 받는 것을 아주 우아하고 미학적이라고 생각해요.

그리고 정말로 인간들이 생각하는 것만큼 삶의 상황들이 많이 변하는 걸까요? 산은 여전히 있던 자리에 있고, 나무들은 예나 다름없이 하늘로 치솟아 있으며, 태양은 지구 주위를 돌고 있어요(아니면 반대인가요? 반대라 해도 뭐 달라지는 거 있어요? 누가 누구를 돌든 상관없잖아요). 또한 우리 고양이들이 하얀 달빛을 받으며 나긋나긋하게 밤 산책을 하는 데 전혀 불편함이 없도록 매일 달도 새롭게 떠요.

인간은 결함이 있는 존재예요. 인간은 어느 순간 그걸 깨닫고 스스로를 개선하고자 노력하고 있어요. 하지만 그렇다고 동시에 모든 세상도 '결함이 있는 세상'이 돼야 하나요? 그것은 논리적이지도 않고, 올바르지도 않아요. 지적으로 그릇된 결론이에요. 다른 이들이 변하기를 기대하고, 심지어 다른 이들에게 변화를 강요하기 전에, 우선 스스로 변화하고 자신의 결점을 없애야 할 거예요. 자신의 정신과 지성을 그렇게 자랑스러워하는 이들이 그렇게 하지 않는다면 정말로 유감스러운 일 아닌가요?

이 세상이 반드시 인간이 원하는 대로 생기지 않았다는 사실을 충분히 이해해요. 그러나 이런 생각은 하느님의 창조가 잘 됐는지 못 됐는지를 따질 만한 잣대는 될 수 없어요. 진화에 대한 잣대는 더구나 될 수 없지요. 진화는 고양이라는 완벽한 존재를 세계에 등장시킨 순간 자신의 과업을 완수했으니까요. 그 후 생겨난 것은 기껏해야 하느님의 참을 수 없는 지루함에서 비롯된 것으로 해석할 수 있어요.

언젠가 누군가 '시대는 변하고 우리도 변한다'고 했어요. 문장 후반부는 우리 고양이들 의견과 약간 다르지만, 전반부에 대해서는 왈가왈부할 수 없지요.

그래요. 시대는 변해요. 끊임없이, 그리고 점점 빠르게 변하지요. 쳇바퀴를 도는 햄스터는 그것을 기뻐할 수 있을 거예요. 하지만 우리 고양이들은 그에 대해 아주 복잡한 감정을 갖게 돼요. 인간들은 우리를 신처럼 추앙하다가 나중에는 지옥의 화신 취급을 하지요. 처음에는 우리를 옥수수 창고나 박물관, 우체국 등에서 강도 짓을 하는 무수한 설치 동물을 해치우는 값싼 노동력으로 이용하다가, 뒤에는 재미와 놀이 삼아 우리를 끔찍하게 죽이고요. 결국은 우리를 귀여운 애완동물로, 일종의 움직이는 가구로 만들어요. 후손을 보는 게 더 이상 맘먹은 대로 되지 않을 때는 우리를 자녀 대용으로 삼기도 하지요.

사실 우리는 얼마 전부터 아무 이유도 없이 재미 삼아 우리 꼬리를 마구 잡아당기곤 하는 작은 야수들이 줄어들고 있음을 흡족한 마음으로 지켜보고 있었어요. 그런 야수들 앞에서는 아주 조용하고 평온한 고양이조차도 격분하지 않고 버틸 재간이 없거든요. 우리는 꼬맹이들의 이런 테러리즘에 대항해 우리가 자기 방어 권리를 적절하고 효력 있게 행사할 수 있다는 점을 잘 알고 있어요.

시대가 변해도 우리는 변하지 않았어요. 우리는 언제나 있는 그대로의 모습으로 살고 있어요. 검손하고, 호감이 가고, 지적이고, 우아하고, 외모가 매력적인 존재로 말이지요. 우리를 존중해 주는 것 외에는 결코 아무것도 요구하지 않는 존재로요(가능하다면 약간의 크림과 고등어를 곁들여 주면 더욱 좋고요).

다만 인간들이 우리를 보고 느끼는 방식이 바뀐 것뿐이지요. 고양이에 대한 그들의 시각이 바뀐 거예요. 인간들의 시각은 계속해서 바뀌었어요. 이런 변화를 그들은 '문화' 혹은 '문명'이라고 일컬어요. 인간들은 이런 변화로 세계가 더 개선되었다고 믿기 때문에, 자랑이 뚝뚝 묻어나는 목소리로 그것을 '진보'라고 이야기해요. 우리 고양이들은 밤 미팅에서 충분히 토론을 했으나, 이런 발걸음이 도망인지 공격인지 아직 결론을 내리지 못했어요.

게다가 우리는 인간들은 자신이 무엇을 하고 있는지 정확히 알지 못한다는 인상을 받았고, 정말로 알지 못한다고 믿고 있어요. 인간들은 세계를 변화시키고 그에 대해 자랑스러워하지만, 얼마 못 가 스스로 야기한 변화에 제대로 대처하지 못해 전전긍긍하지요. 그래서 안식을 찾지 못하고 평안이 없는 거예요. 변화시킬 것이 없는지 애타게 찾고서는, 그런 변화에 어떻게 대처해야 할지 적절한 행동을 또 애타게 찾지요. 그렇게 이리저리 쉴 새 없이 뛰어다녀요. 여기저기서 킁킁거리며 냄새를 맡고는 서로 인사를 나누기도 전에 헤어져요.

이 모든 것이 무엇을 생각나게 하는지 아세요? 그래요. 바로 쥐들을 연상시켜요. 쥐들은 가만히 있지를 못하고 마구 헤집고 다녀요. 아주 작은 것에도 계속 겁을 내며 분주하게 도망을 다니지요. 인정해요. 쥐들에게는 그럴 만한 이유가 있어요. 오죽하면 조금이라도 조용해지면 '쥐 죽은 듯하다'고 말하겠어요. 쥐들은 그런 두려움을 가질 만해요. 건장한 고양이들이 그들을 쫓아다니며 닥치는 대로 잡아먹으니 오죽하겠어요(쥐 개체 수가 엄청나게 많다는 것과 쥐의 수태율이 엄청나게 높다는 점을 고려하면 오늘날 잡아먹히는 쥐는 아주 적지만 말이에요).

하지만 인간이 쥐인가요? 어쨌든 우리 눈에 인간이 쥐처럼 보이지는 않아요. 무엇보다 몸집이 비교가 안 되잖아요(제일 뚱뚱한 쥐와 비교해도 말이에요). 그래서 우리 먹잇감으로 고려의 대상이 되지 못해요. 손톱을 약간 갉아 먹거나 피부를 약간 긁어 놓을 수는 있을지 모르지만요. 만약 그렇다 해도 그것은 그 아래에 뭐가 있는지 보기 위해서예요. 순수한 학문적 이유 때문이지요.

그런데 인간은 쥐도 아닌데 뭐가 그렇게 두려워 일생 내내 이리저리, 허둥지둥, 정신없이 종종걸음을 치며, 매일매일 다른 가죽을 뒤집어쓰고 다니는 것일까요? 그러니 그를 다시금 알아보기 위해서는 아주 정확히 냄새를 맡아야 하잖아요.

우리 고양이들은 이 문제를 놓고 아주 오랫동안 생각을 해 보았어요. 이런 문제를 깊이 연구한 수천 마리의 고양이 철학자 명단을 당장이라도 댈 수 있어요. 그러나 유감스럽게도 아직까지 최종적인 답을 내지 못했답니다.

나도 잘 몰라요. 하지만 내가 보기엔 인간들은 계속해서 두려워할 만한 일들을 새롭게 생각해 내는 듯해요. 그 점에서 인간들은 정말로 창조적이에요. 이 점은 십분 인정해요. 인간들은 처음에는 천둥과 번개를 두려워했고, 나중에는 여러 신을 두려워했어요. 그 뒤에는 질병과 기술을 두려워했지요. 모든 두려움이 극복되는가 싶더니, 서로에 대해 두려움을 가지더라고요. 무엇이 잘못된 것인지는 더 자세히 야옹거려 봐야 해요.

그들이 무엇을 두려워하건, 그것이 정당하든 그렇지 않든 인간들은 무작정 위험이 지나가기를 기다리지 않아요. 위험이 그들을 발견하지 못하도록 숨지도 않고요. 그들은 두 개의 해답만을 알고 있어요. 도망가든가, 공격하든가.

인간 안에 마치 강아지가 살고 있는 것 같아요. 그렇다면 강아지를 평화롭게 쉬게 해 주어야 해요. 이것이 중요해요. 인간들은 세계 곳곳에서 위험을 보고는 두려워해요. 그러고는 두려움을 극복하기 위해 세계를 변화시키고자 해요.

하지만 세계를 변화시키는 것은 정말로 어마어마한 과제예요. 그러니 인간이 계속해서 쉬지를 못하고, 계속 뜬눈으로 활동하고, 안식과 평안을 누리지 못하는 것도 놀랄 일이 아니에요. 할 일은 언제나 있거든요. 개선할 것들은 자꾸 보이고요. 여기서는 이 인간이 불만족스러워하고, 저기서는 저 인간이 칭얼대고요.

참고로 우리가 야옹거리는 소리는 그런 것과는 전혀 관계가 없어요. 우리 고양이들은 결코 세계를 변화시키려고 야옹거리는 것이 아니에요. 다만 아주 예의 바르게 우리가 배고프다는 사실을 알리는 것이지요. 그래도 아무것도 주어지지 않는다면 뭔가 생길 때까지 기다려요.

그런데 인간들은 참을성이 없어요. 인간들은 계속 불만족스러워해요. 보통은 세계 전체에 대해 불평을 하고, 불만거리를 찾아내지 못하면 자기 스스로에게 불만족스러워하지요.

'불만족'이란 결코 평화롭게 살지 못한다는 뜻이에요. 평화를 발견하지 못한다는 것이지요. 그리하여 인간의 삶은 끊임없는 투쟁이에요. 끝없는 전쟁이지요. 우리 고양이들은 뭐가 그렇게 문제인지, 누가 승자고 누가 패자인지 도무지 모르겠는데 말이에요.

자기 자신, 그 이상이 될 필요는 없어요

하지만 인간들을 너무 가혹하게만 보지는 말기로 해요! 누가 알겠어요, 우리 고양이도 하루에 일곱 시간밖에 못 잔다면 그렇게 행동할지? 그러면 우리는 아주 불안하게 이리저리 뛰어다닐지도 몰라요. 정원에 나갔다가 집 안으로 들어오고, 커다란 식탁 주위를 뱅

돌고는 다시금 풀밭으로 전력 질주하고 말이에요. 단지 그동안 변한 것이 없는지 점검할 요량으로 말이지요. 뭐라고요? 당신 고양이가 바로 그렇게 행동한다고요? 그럴지도 몰라요. 하지만 당신 고양이는 일이 제대로 굴러가고 있는지 확인하려는 것뿐이에요. 모든 것이 있어야 하는 자리에 있는지…… 의자와 장롱과 카펫이 제자리에 있는지…….

비밀을 하나 알려 드릴까요? 사실 그런 행동은 고양이에게 주어진 거룩한 과제예요. 우린 질서의 수호자거든요. 물론 우리는 질서를 수호할 뿐 그것을 바꾸지는 않아요. 그러다가 질서가 없어져 버리면 큰일이니까요.

아니면 정원을 새로이 정리하는 고양이에 대해 들어 본 적 있나요? 거실 가구를 다 바꾸고 개비하는 고양이에 대해서는요? 막대기와 돌들을 끌어다 놓아, 인간들이 그것들을 다시금 치워 버리게 하는 고양이는요? 결코 들어 본 적이 없을 거예요!

우리 고양이들은 '내버려 둠'의 기술을 터득했어요. '무위'의 기술, 또는 '방치'의 기술 말이에요. 우리는 기다리기만 하면 모든 문제가 저절로 해결된다는 걸 알고 있어요. '때가 되면 쥐가 나타난다'는 걸 말이에요. 살면서 마주치는 문제들에도 우유나 참치처럼 유통 기한이 있거든요.

좋아요. 인정해요. 이 세상의 모든 문제에 유통 기한이 있는 것은 아니에요. 하지만 대부분 있어요. 삶을 가로막는 당면한 문제들에 대해 그렇게 난리를 떨면서 걱정하지 않는다면, 정말로 긴박하게 답변해야 할 삶의 본질적인 문제에 대해 진지하고 침착하게 생각할 수 있는 시간이 주어질 거예요. 날 믿으세요. 초연한 태도로 충분히 기다리기만 한다면, 대부분의 문제는 십중팔구 저절로 해결돼요.

삶의 본질적인 문제에 대한 이야기가 나왔으니, 이 자리에서 고양이의 철학적인 입장을 피력하게 해 주세요. 어렵지 않아요. 분주한 것을 잊어버리고 심호흡만 한 번 하면 돼요.

인간은 되는 것과 갖는 것(무엇이 되느냐, 얼마만큼 갖느냐)을 중요시하고, 고양이는 존재 자체를 중요시한다고 할 수 있어요. 사실 그 말이면 다 끝나요. 그렇지 않나요? 아니라고요? 그러면 약간 더 자세히 설명해 볼게요.

인간은 가난하면 부유해지려고 해요. 부자는 건강을 원하고, 건강한 인간은 장수를 원하지요. 그리고 무엇보다 사랑받고 싶어 해요. 인간은 자신이 모든 것을 아주 많이 가지고 있어야만 사랑받는다고 확신해요. 아름다운 몸, 재기 넘치는 정신, 귀중한 보물······. 그래서 인간은 늘 불만족스러워하지요. 다른 인간들은 그 모든 걸 더 많이 가지고 있기 때문에, 다른 인간들은 더 부유하고, 더 건강하고, 더 장수하고, 그로써 더 사랑받기 때문에······. 인간들은 언제나 자신을 보지 않고 곁눈질로 다른 인간들을 봐요. 그리고 누군가 뭔가를 아주 많이 가지고 있으면 시기를 하고, 쉽사리 인정하지 않아요.

하지만 다른 고양이 접시에 담긴 사료를 먹는 고양이를 본 적이 인간은 늘 만족하지 못해요.
자신을 보지 않고 언제나 곁눈질로 다른 인간들을 봐요.
우리 고양이는 자기 능력 밖의 것을
바라지 않기에 행복해요.

더 이상의 것이 되거나
더 이상의 것을 가지려 하지 않아요.

있나요? 발로 다른 고양이 쥐를 가로채고, 더 먼저 어루만져 달라고 다른 고양이를 밀어젖히고 마구 앞으로 나아가는 고양이를 본 적이 있나요? 고양이는 자신은 물론 남과 싸우지 않아요. 고양이는 자신과 세계에 만족해요. 고양이는 있는 그대로의 자신이 되는 것 외에 별다른 것을 원하지 않아요. 고양이는 부를 축적하지 않아요. 무엇보다 죽은 쥐는 부패하기 쉬운 재산임을 알기 때문이지요. 다음 날까지는 먹을 수 있겠지요. 하지만 그 다음 날에는 맙소사! 그 냄새만으로도!

우리 고양이들은 자기 능력 밖의 것을 바라지 않기에 행복해요. 더 이상의 것이 되거나 더 이상의 것을 가지려고 하지 않지요. 최고의 악과 최고의 불행은 능력 밖의 것을 원할 때 오는 거예요. 이런 딜레마에서 벗어나는 길은 두 가지 방법밖에 없어요. 능력을 더 키우는 것과 더 적은 것을 원하는 것. 한 가지 방법은 배움이고 다른 한 가지는 겸손이지요. 가장 좋은 것은 한 가지 방법을 다른 한 가지 방법과 결부시키는 거예요. 제때 배우고, 우리 의지와는 상관없이 던져진 세계에서 겸손하게 행하는 것이지요. 그래요. 우리는 던져졌어요.

이 세상은 나를 기다리지 않았어요. 당신도요. 당신 부모님은 당신에게 약간 다르게 말할지도 모르겠지만 말이에요. 운 좋게 일곱 번의 생을 선사 받은 자로서, 난 당신에게 당신이 죽은 뒤에도 지구는 아무 상관없이 여전히 돌게 될 것임을 말할 수 있어요. 그러므로 이 세계에 많은 것을 기대하거나 요구하지 말아야 해요. 많은 것을 원하지도 말고요.

인간은 부족한 존재라는 사실을 항상 염두에 두세요. 너무 많은 능력을 갖기를 바라서는 안 돼요. 그리고 무엇보다 모든 것을 다 가지려고 해서는 안 되지요. 부, 사랑, 건강, 행복, 명예, 권력, 그 밖의 무엇이든지 말이에요. 인간들이 힘과 능력 가운데 하나에만 신경을 쓰면 원하는 것, 또는 최소한 필요한 것을 얻을 가능성이 훨씬 더 높아질 거예요.

그러나 다시금 새로운 유행이 찾아왔어요. 바야흐로 '멀티태칭'(멀티태스킹의 패러디-옮긴이)이 유행하고 있어요. 그것은 모든 일까지는 아니어도 가능하면 많은 일을 동시에 하려는 것을 말해요. 먹고, 일하고, 음악 듣고, 의사소통하는 것을 동시에! 자세한 것은 묻지 말아 주세요.

인간이 두 발로만 걸어서 앞발 두 개가 놀고 있기 때문이 아닌가 싶어요. 그래서 쓸데없이 노는 발들을 축 늘어뜨리고 흔들흔들하지 않도록 끊임없이 새로운 과제를 물색하는 것 같아요. 우리 고양이들은 네 발로 아주 안정감 있게 보행하는 법을 잊어버리지 않았어요. 그리고 그렇게 오랜 세월을 거뜬히 살아남았지요. 얼마나 완벽한데요! 우리의 유전자에는 평온하게 기다릴 수 있는 능력도 담겨 있어요.

위대한 마이스터 에크카르츠(14세기 독일의 신비주의자이자 신학자인 마이스터 에크하르트의 패러디-옮긴이)는 '모든 일에 있어 잠자는 자가 되라'고 말했어요. 우리는 모든 것을 할 필요가 없고, 모든 것을 알 필요도 없으며, 모든 것을 연구할 필요도, 모든 것을 깨달을 필요도 없어요. 모든 것에 간섭할 필요도 물론 없고요. 모든 것을 자기 마음대로 좌지우지할 필요도 없어요. 그리고 그것은 중요한 것과 중요하지 않은 것을 구분할 수 있을 때 가능해요.

당신은 그걸 어떻게 구분할 수 있느냐고 묻겠지요. 뭐가 중요하고 뭐가 중요하지 않은지 어떻게 미리 알 수가 있느냐고요. 하지만 알 수 있어요. 스스로 결정을 내리면서 말이에요.

한 가지 예를 들어 드릴게요. 어떤 인간들은 우리 고양이들을 거만하게 여겨요. 우리가 언제나 인간들이 원하는 대로 하지는 않기 때문이지요. 인간들에게는 우리가 정말로 거만해 보일 거예요. 인간들이 자신을 '창조의 주인'으로 여기고, 다른 모든 생물은 다 자신들에게 복종해야 한다고 생각할 때 말이에요. 그런데 고양이처럼 작고 연약한 동물이 주인에게 반기를 든다고요? 이런 말도 안 되는 일이 어디 있나요. 카오스, 무정부 상태!

당연히 그렇지 않지요! 우리가 거만하게 보일 때는 다른 것에 몰두해 있기 때문이에요. 인간의 지시에 따르는 것보다 더 중요하게 다가오는 일 말이에요. 그윽한 표정으로 지빠귀 노래에 귀를 기울이며 그들의 맛있는 가슴살을 생각하고 있을 수도 있어요. 때가 가을이라면 참을성 있게 맞은편 참나무에서 마지막 잎사귀가 떨어지기를 기다리고 있을지도 몰라요. 아니면 이웃집 울타리를 어떻게 하면 넘을 수 있을지 속으로 머리를 굴리는 중일 수도 있어요(그것이 과연 가치가 있느냐 없느냐 하는 질문에는 나중에 대답할게요. 진정한 신사 고양이의 오래되고 훌륭한 모토인 '중요한 일부터 먼저'에 충실하게 말이에요). 이런 일에서 우리는 방해받고 싶지 않아요. 그래요. 최소한 그런 순간에 우리는 애원하는 듯 제공된 숭어를 포기할 준비가 돼 있어요.

우리는 그런 작은 자유를 누려요. 원래 우리끼리는 수고양이에게 수고양이의 것을 주라고 말하면 모두가 이해를 해요. 이런 여유롭고 사색적인 고요의 순간에는 더욱더요. 당신이 다음에 고양이를 만나면 정확히 보세요. 고양이는 삶의 매 순간 지금, 그리고 여기에 우선순위를 놓아요. 고양이가 할 수 있다면 당신도 가능하지 않겠어요?

무수한 세대를 거쳐 오면서 우리 고양이들은 인간들의 '경제' 활동을 정확히 관찰하고 그로부터 결론을 내렸어요. 인간들의 가정 경제에서 요리를 예로 들어 볼게요. 음식을 만드는 데 집중하지 않으면 맛있는 음식이 나올 수 없어요. 재료의 질을 정확히 점검하고, 정확하게 계량을 하고, 조리 시간을 정확히 지키고, 저어 주고, 맛을 보고, 필요하면 다시 간을 해야 하지요. 누군가와 잡담을 하거나 빨래를 널거나 아기 기저귀를 갈아 주면서 동시에 부수적으로 음식을 완성하고자 하면 제대로 되지 않아요. 먹어 줄 수가 없는 엉망진창 먹을거리가 탄생하지요. 그러면 과연 그것을 누가 먹겠어요? 당연히 우리 고양이들이지요!

이렇게 음식을 만드는 것처럼 별로 어렵지 않아 보이는 일조차도 그 일에서 어느 정도의 숙련도를 발휘하려면 굉장한 주의가 필

고양이는 삶의 매 순간 지금, 그리고
　　여기에 우선순위를 놓아요.

고양이가 할 수 있다면
　당신도 가능하지 않겠어요?

요해요.

아직 뭔가 미흡해하는 인간들에게는 우리 고양이들이 인간들보다 '경제 원칙'을 더 잘 이해한 것 같다는 말을 해야겠네요. 그 때문에 우리는 또한 그렇게 오래, 그렇게 깊이 잠을 잘 수 있는 거예요. 중요한 일들을 파악하고 그에 맞게 행동하는 데는 그리 많은 시간이 필요하지 않아요. 우리는 깨어 있는 시간을 더 효율적으로 사용해요. 집중을 하고, 눈치를 보고, 본능을 신뢰하지요.

우리 중 여럿은 고양이가 인간보다 더 똑똑하다는 결론을 내리려고까지 해요. 하지만 나는 그런 멍청한 경쟁에 끼어들지는 않아요. 차라리 우리가 시간을 그렇게 영리하고 경제적으로 활용할 수 있는 것은 무엇보다 우리의 질서 감각 덕분이라는 점을 지적하지요. 으레 말하듯 시간은 늘 빠듯해요. 일곱 번의 생은 한 번의 생과는 비교할 수 없을 정도로 오랜 시간이지만, 우리 역시 어느 날인가는 생명 즙이 바닥나거든요.

그러나 우리는 그때까지는 질서 있게 살아요. 우리 혈액 속에 리듬이 있다고 할 수 있어요. 그것이 얼마나 좋은지 몰라요. 전에는 리듬이라 하면 뭔가 흐르는 것을 의미했지요. 그리고 피는 흐르지 않으면 아무짝에도 쓸모가 없잖아요.

우리 고양이끼리 하는 말이지만, 인간들은 피가 원래대로 흐르지 않아요. 어떤 때는 너무 빨리 흐르고, 어떤 때는 너무 느리게 흐르지요. 그 때문에 인간은 병들어요. 그것은 당연한 결과예요. 잠을 자야 하는데도 일을 한다면 거기서 뭐 좋은 것이 나올 수 있을까요? 평온해야 하는데도 흥분하고, 배가 고프지 않는데도 먹는다면요? 모든 것을 동시에 하려고 하다 보니 모든 것을 제시간에 하지 못한다면요?

모든 것에는 때가 있어요. 하늘 아래의 모든 일에는 다 때가 있는 법이지요. 날 때가 있고 죽을 때가 있으며, 울 때가 있고 웃을 때가 있으며, 얻을 때가 있고 잃을 때가 있어요. 침묵할 때가 있고 말할 때가 있으며, 사랑할 때가 있고 미워할 때가 있어요.

한 가지를 너무 두려워하지 말아야 하고 다른 한 가지를 너무 바라서도 안 되지요. 그렇게 지금까지 잘돼 오지 않았나요? 우리 고양이들은 어쨌든 그래 왔어요. 우리는 기뻐하고 화목하게 사는 일보다 더 좋은 것을 알지 못하기 때문이에요. 그러니 원하는 만큼만 일하세요. 쉬지 않으면 결코 유익하지 못하다는 사실을 아시잖아요.

인내와 안식의 기술을 연마하세요

미안해요. 잠시 되는대로 지껄였네요. 원래 나는 이렇듯 남을 가르치려는 듯한 말투를 몹시 싫어해요. 무엇보다 현대 세계에서는 그런 방식이 더 이상 통하지 않지요. 오늘날에는 사실만을 도마에 올려야 해요. 어떻게 보이든 중요한 것은 '사실'이지요.

그러니 마지막 논지 하나만 더 이야기하고 넘어갈게요. 아주 설득력 있는 이야기예요. 우리 고양이들은 인간들이 일컫는 성공적인

'마케팅'의 살아 있는 사례라고 할 수 있어요. 어떤 상황에서도 상품을 파는 기술 말이에요. 고양이를 상품이라고 한다면, 판매는 그리 쉬워 보이지 않지요.

내 말은 우리 고양이들이 오늘날에도 인간들에게 유익한가 하는 거예요. 요즘 쥐가 들끓으면 큰일 나는 옥수수 창고가 있나요? 뭐든지 닥치지 않고 갉아 먹는 설치류들의 간교한 공격으로부터 귀중한 장서들을 보호해야 하는 도서관은요? 아주 정확히 계산하면, 우리를 키우는 데 드는 비용은 고양이들이 주는 기쁨에 비하면 너무 비싸다는 결론이 나와요.

언젠가 어떤 인간이 아주 옳은 말을 했어요. 그는 아무런 쓸모가 없으면서도 인간이 먹여 주고 사랑을 주며 키우는 유일한 네발 달린 동물이 바로 고양이라고 했어요. 우리는 아무것도 하지 않고, 아무것도 가지고 있지 않아요. 그럼에도 인간이 자원해서 집으로 고양이를 들여요. 이런 고양이는 세계 전역을 통틀어 끊임없이 불어나고 있어요. 놀랍지 않나요?

그러니 고양이가 강아지보다 많아졌지요. 우리가 꼬리를 흔들고 촐싹대며 핥아 대는 강아지만큼 인간에게 봉사를 하지 않는데도 말이에요. 어떤 상품이 고양이처럼 의미도 목적도 없이 국제 시장에서 다루어진다면 그것을 뭐라고 하시겠어요? 나는 그것을 '성공'이라고 말하고 싶어요.

나는 인간들이 좀 더 질서 있게 살았으면 좋겠어요. 중요한 것과 그렇지 않은 것을 확실히 구분하고, 전력을 다해 중요한 것을 하고 중요하지 않은 것은 다른 인간들에게 맡겨 보세요. 또 진정한 자기 자신이 되어 자기와 세계가 화목할 수 있으면 좋겠어요. 그리고 마지막으로, 인내와 안식의 기술을 연마하세요. 안식 속에 힘이 있거든요.

수천 년 전 이집트 광야의 수도사들이 신을 찾고자 할 때 우리 고양이들이 인내와 안식으로 그들을 도와주었지요. 그 덕에 수도사들은 우리를 아주 높이 평가했어요. 그렇다면 오늘날 당신이 고민할 때 우리가 도움이 될 수도 있지 않을까요? 날 믿어요. 우리는 경험이 많은 치료사들이에요.

그리고 부디 고양이 털에 그렇게 알레르기 반응을 보이지 마세요. 알레르기는 현대 사회에 만연한 분주함과 신경과민에서 비롯된 두드러진 증상일 뿐이라는 사실을 모르시나요? 당신이 우리를 보기만 해도 재채기를 하는 건 우리 고양이들 책임이 아니에요. 우리가 병적인 반응을 유발하는지는 모르지만, 그렇게 만든 장본인은 우리가 아니라고요. 당신은 그 원인을 다른 데서 찾아야 해요. 당신 자신에게서, 당신의 생각과 행동 그리고 감정에서……. 한마디로 자신의 삶에서 말이에요.

당신이 그렇게 찾으려고 한다면 우리는 기꺼이 도와 드릴 수 있어요. 당신이 허락하기만 하면 말이에요. 평온과 안식의 부드러운 풀밭으로 우리를 따라와 보세요. 그러면 가르랑거리는 고양이에게 금세 매료될 거예요. 호흡이 느려지고, 심장이 고르게 뛰며, 혈액 순환이 원활해지고, 기분 좋게 노곤해질 겁니다. 눈꺼풀이 무거워지고 피곤해질 거예요. 당신의 몸은 고양이의 부드러운 리듬으로 진동할 거고요. 당신은 모든 짐을 벗어 던지고 자유를 실감할 거예요.

　부디 점잔 빼지 말고 한번 해 보세요. 응용 고양이 철학 트레이닝 효과를 경험해 보세요. 그러나 일단은 잠을 푹 주무세요!

2장 신중한 고양이, 루푸스

조심, 조심!
늘 최악의 상황에
대비하세요

조심, 조심!
늘 최악의 상황에
대비하세요

삶은 위험한 것, 늘 깨어 있어야 해요

첫 번째 고양이 철학을 연습한 후 좀 편안히 쉬는 시간을 가지셨기를 바랍니다. 이제는 아주 평온한 마음으로 계속되는 고양이 철학을 고대하고 계시리라 믿어요. 때로 약간의 휴식을 취하는 것, 잠시 꾸벅꾸벅 졸면서 삶의 리듬을 즐기는 건 아주 중요하거든요. 휴식도 삶의 리듬에 꼭 들어가야 한다는 걸 잊지 마세요. 하지만 난 오늘 밤 당신에게 그 이상의 비밀을 알려 주려고 해요.

　이 세상에는 우리에게 상당히 위험한 것이 많이 있어요. 그래서 우리는 유쾌한 삶은 고사하고 생존을 위해 무지하게 노력해야 하지요. 우리는 아주 작고 연약한 존재거든요.

　나는 이 세상 대부분의 피조물이 우리 고양이들보다 작다는 것을 인정해요. 쥐도 그렇고, 늘 우리의 먹을거리에 대해서만 말하는 것 같아 약간 다른 것을 언급하자면, 벼룩도 그렇고요. 벼룩 위에 올라타 피를 빨아 먹는 훨씬 더 작은 벼룩이 있을까요? 그리고 더 작은 벼룩의 피를 또 빨아 먹는 더욱더 작은 벼룩은요?

아무튼 고양이들이 벼룩만큼 작지 않고, 그 벼룩의 벼룩만큼 작지는 않다 해도, 어쨌든 고양이들은 작은 존재들이에요. 그리고 우리는 어떤 상황에서도 우리 고양이들보다 훨씬 더 작은 존재가 아주 많다는 걸로 스스로를 위로할 수는 없어요. 오히려 반대예요. 우리는 우리보다 더 커다란 존재들이 존재한다는 것을 염두에 두어야 해요. 그리고 이런 커다란 존재들이 작고 불쌍한 우리 고양이들을 대하는 시선은, 우리가 쥐를 대하는 시선과 전혀 다르지 않다는 것을, 즉 우리를 먹잇감으로 본다는 것을 계속해서 의식해야 한답니다.

그럼에도 우리는 더 커다란 존재들에게 예의를 갖추고 알맞은 거리를 지키는 것을 배웠어요. 난 독수리와 엮이고 싶지 않아요. 매나 살쾡이도 마찬가지예요. 살쾡이가 우리의 친척이라고 해도요. 이런 녀석들에게 집안의 명예 같은 것은 도무지 중요하지 않아요. 특히나 배가 고플 때면 말이지요.

우리 고양이들이 그렇게 편안하게 살아남을 수 있었던 것은 자는 걸 좋아하고 잘 자기 때문만은 아니에요. 힘을 잘 분배하는 것은 매우 필요하지만, 결코 충분한 조건은 아니지요. 에너지를 충분히 비축해 두는 건 좋은 일이에요. 그러나 그런 다음에는 또한 알맞은 순간에 투입할 수 있어야 하지요. 인생의 모든 일이 늘 그렇듯 올바른 리듬이 중요한 거예요.

　우리 고양이들은 늘 경계를 게을리하지 않아요. 자는 동안에도요. 연약하고 작은 동물로서 우리는 그럴 수밖에 없지요. 잡아먹힐 때 먹히더라도 어떤 녀석이 자는 동안에 잡아먹히기를 원하겠어요. 잠자는 고양이가 눈에 띄면 잘 관찰해 보세요. 깊은 잠에 빠져 쌔근쌔근 자는 것 같다가도 흥미로운 소리가 나거나 특별한 냄새가 나면 고양이는 순식간에 벌떡 일어나 최고의 경계 태세를 갖출 거예요. 금방 코를 골다가 금방 쌩쌩해지는 것이지요. 잠자고 있는 고양이 근처로 참치 한 접시를 가져가거나 그 옆에서 종이를 바스락거리면, 고양이는 순식간에 잠에서 깨어나 잠시 기지개를 켠 다음, 즉각 뛰어들 태세를 갖춰요.

　욕설이든 먹을 것이든 우리를 벌떡 일어나게 만드는 건 똑같아요. 둘 모두 생존에 중요하니까요. 결국 진화에서도 생존이 문제예요. 목표도, 목적도, 의미도 없이, 단지 생존만이 중요하지요. 따라서 매 순간 준비하고 있어야 해요!

　우리는 자기보다 몸집이 작은 존재는 즉각 먹잇감으로 여겨요. 그리고 우리만 한 존재들은 일단 무시하지요. 잡아먹기엔 쉽지 않고, 또 위험하지도 않으니까요. 우리의 친구, 배우자, 연인이 될 수 있는 이는 바로 이들 가운데 있어요. 하지만 첫눈에는 아직 잘 몰라요. 두 번째 볼 때 더 정확히 점검할 수 있지요. 결국 우리가 아주 중요하게 고려하고 계속해서 극도로 경계해야 하는 것은 우리보다 큰 동물들이지요. 이미 말했듯이 사냥감이 되어 먹히고 싶지는 않으니까요.

당신에게 이것은 아마 아주 단순한 세계관으로 느껴질 거예요. 하지만 약간 솔직해지신다면, 다른 견해가 있나요? 당신도 세상을 같은 카테고리로 분류하지 않나요? 즉 당신에게 득이 되는 것과 해가 되는 것. 이렇게 분류하지 않나요? 고양이들과 동류가 되신 걸 진심으로 환영합니다!

언제나 최악의 상황을 가정하세요

물론 그렇다고 우리 고양이들이 잠을 자는 동안 '깨어' 있는 것은 아니에요. 자는 것과 깨어 있는 것을 더 이상 구분하지 못한다면 그 얼마나 멍청한 일이겠어요.

폴란드의 고양이 철학자 캐시미어 카초프스키(폴란드 철학자 캐시미어 리스친스키의 패러디—옮긴이)가 몇 년 전 아주 적절하게 표현한 바에 따르면, '방심하지 않는 것'은 필요한 곳에서 즉각 깨어 있을 수 있는 능력과 성격 및 성향을 말해요. 따라서 편안히 쉬는 시간에도 경계를 늦추지 않고, 언제나 '준비 상태'로 있는 것이지요. 즉 가능하면 언제나 '전방을 주시하고' 있는 거예요.

그렇지 않다면 고양이가 뭐 하러 이 세상에서 가장 좋은 눈으로 무장을 하고 있겠어요. 하지만 중요한 것은 무엇을 가지고 있느냐가 아니라, 가지고 있는 것으로 무엇을 하느냐지요. 아무리 좋은 센 서로 감지한다 해도 그렇게 감지된 정보를 적절히 처리하지 못한다면 무슨 소용이 있겠어요. 불행이 몰아닥친 다음 자신의 실수를 '뒤늦은 깨달음'으로 무마할 수는 없잖아요.

차라리 우리 고양이들을 본받는 것이 어때요? 우리는 수천 번 똑같은 공간을 드나들었을지라도, 어떤 의자가 몇 년 전부터 같은 장소에 놓여 있을지라도, 인간들이 우리에게 제공하는 것이 늘 참치뿐일지라도, 계속해서 경계하고 주시해요. 우리는 아주 조심하고 신중하게 주시하지요. 우리에게 즐거움이 될지, 고통이 될지 정확하게 점검한답니다.

우리 고양이들은 날카로운 발톱뿐만 아니라 예리한 감각을 가지고 있어요. 후각, 시각, 청각 모두 인간들보다 훨씬 뛰어나지요. 인간들은 우리를 쉽게 속이지 못해요. 우리가 더 잘 들으려고 귀를 이쪽저쪽으로 돌리는 것을 본 적 있나요? 인간들은 도저히 그럴 수 없을 거예요! 우리는 무턱대고 덤벼들기 전 잠깐 멈추어요. 물론 의심스러운 경우에는 덮어놓고 달려들지만요. '덤벼드는 것'도 우리가 인간들보다 훨씬 더 잘하거든요.

이것이 우리 고양이들의 특징이에요. 우리는 자신을 쉽사리 신뢰하지 않아요. 그래서 추락할 만큼 멀리 뛰지 않지요. 고양이들이 반드시 지키는 가장 중요한 규칙 중 하나는 '늘 소매 속에서 마지막 트럼프를 꺼낼 필요가 없도록 행동하라'는 거예요. 바꿔 말해 '언제나 최악의 상황을 가정하라'는 거지요. 늘 최악의 상황에 대비하고 있어요. 그래서 그런 상황에 놓여도 잘 헤쳐 나갈 수 있어서 기쁘답니다. 당신은 최근에 얼마나 자주 그런 일로 기뻐했나요?

무모한 용기보다 사려 깊은 신중함이 중요해요

이렇게 조심성 있는 태도 때문에 우리는 종종 비난을 받아요. 그런 태도가 겁이 많은 것으로 보이거든요. 더 나아가 우리 고양이들이 공격하지 않고 즉각 도망을 치면(기회만 주어진다면 언제나 도망을 택하는 편이에요), 인간들은 우리를 진짜 겁쟁이라고 말하지요.

 이렇게 우리를 비난하고 적대시해도 우리는 늘 초연한 태도를 유지했어요. 우리는 '죽은 영웅은 씨를 퍼뜨릴 수 없다'는 진화의 원칙을 아주 깊이 내면화하고 있거든요. 그래서 우리는 차라리 도망을 통해 생존을 택한답니다. 그것은 신중함이자 영리함이라고 할 수 있지요. 용기는 신중하고 영리한 거예요. 신중함과 영리함이 없는 용기는 무모할 뿐이에요. '사려 깊다'라는 단어에는 '생각하다'라는 개념이 들어 있어요. 의식적이고 이성적으로 점검한 다음에야 비로소 행동한다는 말이에요.

 자, 이제 당신은 이렇게 말씀하시겠지요. 방금 전에는 진심으로 본능을 따른다고 큰소리를 치더니 어떻게 지금은 이성을 칭송할 수 있느냐고 말이에요. 이제 당신은 나의 약점을 잡았다고 생각하시겠지요! 하지만 잠시만요. 잘 알아보지도 않고 그러시면 안 돼요. 설명을 좀 해 드릴게요. '이성'이 어디에서 연유할까요? 이성은 경청과 약간의 지각과 이해와 파악에서 비롯돼요. 우리 고양이들은 인간보다 훨씬 더 지각력이 뛰어나서, 인간보다 더 많이 보고, 듣고, 냄새 맡고, 느낄 수 있어요(우리의 발은 인간들이 그 오랜 세월 존재조차 몰랐던, 섬세한 땅속 자기의 흐름을 감지해요). 따라서 우리는 인간보다 더 뛰어난 이성을 가지고 있어요.

당신이 생각하고 있는 것은 '본능'이 아니라 '반사'인 듯해요. 반사와 본능에는 커다란 차이가 있지요. 누군가 무릎 아래를 때리면 당신은 무의식중에 다리를 뻗을 거예요. 그건 반사예요. 의식, 의지, 생각, 심지어 감정조차 전혀 영향을 끼치지 못하는 행동이에요. 부드럽게 무릎을 치는 것과 동시에 다리가 펴지지요. 그러나 이런 즉흥적인 반응이 없다고 해서 반드시 의지가 강한 것은 아니에요. 오히려 그것은 걱정해야 할 문제이고, 정말로 당장 의사랑 상의해 봐야 할 일이에요.

반면 본능은 아주 다른 거예요. 무의식적이고 감정적인 지능이라고 할까요? 자극과 반응의 복합적인 프로그램으로, 경험과 학습에도 영향을 받지요. 물론 본능은 가지고 태어나는 것이지만, 언제 그것에 친숙하고 언제 친숙하지 않은지, 본능을 어떻게 좇을 것이며, 본능으로 말미암아 어떤 행동을 할 것인지는 다시금 삶의 경험의 문제예요.

어릴 적 트라우마로 인해 신문을 지독히 무서워하는 고양이들이 있어요. 아주 유감스러운 일이지요. 그 고양이들은 신문을 다른 시각으로 대할 수 있을지 경험해 보아야 해요.

우리 고양이들은 신중해요. 그러나 신중함을 겁이나 무서움과 혼동해서는 안 돼요. 여기서 중요한 것은 '경험을 통해 높아진 판단력의 신중함'이에요. 이 말을 한 고양이는 모두에게 사랑받는 고양이 철학자 이마누엘 카츠(독일의 철학자 칸트의 패러디—옮긴이)예요. 바로 그의 걸출한 책 《순수 이성 비판》에 나오는 말이지요.

하지만 우리 고양이들이 조심스럽고 경계를 하는 편이라고 해서 모든 인간과 사물을 의심스러워한다는 뜻은 아니에요. 우리가 꼬리를 머리 위로 치켜세우고 모험에 뛰어들지 않는다고 해서 곳곳에서 악이 우리를 겨냥하고 있다고 생각하는 것은 아니지요. 우리는 모든 걸 자기 자신과 연관시키는 인간들처럼 그렇게 허영심이 강한 편이 아니거든요.

그리스 고양이 철학자 아일루로크리트(아일루로는 고대어로 고양이, 크리트는 기준 및 검사라는 뜻—옮긴이)는 아주 오래전 '모든 자에 대해 함부로 의심하지 말고 조심스럽고 확고한 태도를 취하라'고 말했어요. 우리는 그 말을 여전히 명심하고 있지요. 의심은 덕이 아닌 악덕이니까요. 그것도 상당히 나쁜 악덕이지요.

우리 고양이들은 현실주의자예요. 우리는 조심해야 한다는 것을 알고 있어요. 하지만 진짜로 위험한 것만 조심하면 돼요. 모든 것이 우리가 원하는 대로 되지 않는다고 해서 나쁜 세력이 비밀리에 활개를 치고 다닌다고 믿거나, 계속해서 나쁜 음모가 있다고 생각해서는 안 돼요. 훨씬 더 좋은 것들을 할 수 있는 시간을 낭비하게 되니까요.

우리 고양이는 신중해요.
그러나 신중함을 겁이나 무서움과 혼동해서는 안 돼요.
여기서 중요한 것은
'경험을 통해 높아진
판단력의 신중함'이에요.

우리 고양이들은 이 세상이 모두에게 늘 잘해 주도록 돼 있지 않다고 생각해요. 그렇다고 우리에게 해를 끼치도록 돼 있는 것도 아니지요. 세상은 그저 존재할 뿐이에요. 그뿐이에요. 세상이 우리 마음에 들지 안 들지는 우리 하기 나름이에요.

우리더러 '회의적'이라고 말한다면, 기꺼이 받아들이겠어요. 그 말을 듣기 싫어하는 인간은 많지만요. 하지만 원래 그 말은 '세계가 우리에게 제공하는 것들을 유심히 본다'는 뜻일 따름이에요. 즉 우리와 마주치는 첫 번째 것은 대부분 우리가 기다리는 가장 최상의 것은 아니라는 거예요.

따라서 이성적이고자 한다면 지각과 사고력을 가다듬어야 해요. 소심하거나 겁이 많아 보인다 해도 신경 쓰지 말아야 하지요. 비판하는 자들과 악의적인 자들은 언제나 있어요. 모든 이는 자기 보기에 옳은 대로 사는 거예요. 그래야만 나중에 원하는 대로 되지 않더라도 불평할 수가 없거든요.

우리 고양이들은 조심하고 경계하며 소심하고 두려움이 많아서 모든 것이 우리 기대와는 완전히 달라질 수 있음을 늘 염두에 두어요. 한 번 성공했다고 늘 성공할 거라고 여기는 게 인간들의 커다란 결점이지요. 실패하면 타인이나 상황 탓을 하는 것도 역시 인간의 결점이고요.

하지만 대부분의 세월을 아주 민첩한 쥐나 새를 사냥하는 일로 보낸 우리 고양이들에게는 생의 오르막과 내리막이 낯설지 않아요. 쥐를 같은 방식으로 잡는 경우는 한 번도 없어요. 쥐의 움직임을 정확히 관찰하고, 순간적으로 그의 계획을 간파해야 하지요. 또한 실패하더라도 그것을 받아들여요. 그래야만 장기적으로 성공을 기대할 수 있으니까요.

그래요. 이제 인정해요. 우리 고양이들은 그다지 용감하지 않아요. 왜일까요? 용감함은 더 이상 아무것도 가능하지 않을 때에나 내밀 수 있는 절망의 행위니까요. 아무리 생이 일곱 번이라 해도 쥐 한 마리 때문에 목숨을 걸어야 할까요? 한 고양이에게 잘 보이려고 신변의 모든 위험을 감수해야 할까요? 나는 예전에 한 번 그렇게 했고, 그 결과 한쪽 눈이 멀어 버렸어요. 우리처럼 살아가는 데 시력이 너무나 중요한 동물에겐 정말 비극적인 일이지요. 하지만 다행히 우리는 여러 겹으로 안전장치가 돼 있어요. 볼 수 없어도 듣거나 냄새를 맡을 수 있고, 민감한 앞발 끝이나 수염으로 감지할 수 있거든요.

우리 고양이들은 절대로 용감하지 않아요. 용감하기는커녕 오히려 겁이 아주 많은 편이지요. 나이가 들수록 더욱더 말이에요. 젊은 시절에는 삶의 한계를 알지 못하지만, 나이가 들면 아주 잘 알기 때문이기도 할 거예요. 또한 나이가 들면서 위험, 손실, 실망을 가능하면 멀리 피하는 법을 배우기 때문이기도 하겠지요. 잠시만 생각해 보면 모험을 피해야만 하는 이유를 수없이 떠올릴 수 있거든요. 언젠가 지혜롭고 늙은 수고양이(독일의 작가 괴테를 의미―옮긴이)가 말했듯이, 눈밭을 걸어갈 때는 앞서 간 자의 발자국을 이용해야 하지요.

우리 고양이들은 변화를 힘들어 해요. 변화에 쉽사리 익숙해지지 못해요. 특히 역사를 통해 모든 변화가 무조건 좋은 것만은 아님을 배웠어요. 아까의 그 늙은 수고양이가 옛날에 메피스토텔레스(독일의 작가 괴테의 《파우스트》에 나오는 악마─옮긴이)에게 뭐라고 말했게요?

'이것이 세계다. 올라가고 내려가고, 끊임없이 구르는 것. 유리 같은 소리를 내는 것. 이 얼마나 깨지기 쉬운지!'

우리는 보수적이에요. 새로운 것은 위기 속에서만 태어난다는 사실을 잘 알아요. 그렇다고 해서 우리 고양이들이 진보에 적대적인 입장이라고는 생각하지 말아 주세요. 그것은 전혀 맞지 않는 말이에요. 진보가 없었다면 우리 대부분은 연어나 고등어, 가리비 같은 아주 맛있는 음식들과 영원히 친해지지 못했을 거예요.

그러나 이것이 과연 진보라 부를 만한 것인지는 의문이에요. 우리 식단이 최근 몇 년 사이에 한결 풍성해진 것은 우리 고양이들에겐 아주 유쾌한 일이지요. 하지만 기회가 된다면 참치에게 한번 물어보세요. 고양이 식량의 아주 중요한 부분을 담당하게 된 것에 대해 참치 자신이 어떻게 생각하는지 말이에요. 참치가 충분할 때 물어보아야 하니 서두르셔야 해요. 물론 쥐에게 물어보실 수도 있어요. 쥐들 의견은 분명 다를 거예요. 이렇게 되면 진보 문제는 아주 복잡해져요.

또한 많은 고양이가 더 이상 몽둥이에 맞아서 죽거나 분수에 빠져 죽지 않고 냄새와 소음이 심한 금속 상자에 치여 죽는다면, 그걸 정말 진보라 부를 수 있을지 잘 모르겠어요. 하지만 아까 말했듯이, 상황은 변하고 우리 불쌍한 작은 고양이들은 상황에 적응하는 수밖에 없어요. 우리는 옛날부터 쥐들의 운명을 나 몰라라 했는데 그것이 참치, 고등어, 가리비로 바뀐다고 뭐가 달라지겠어요. '가장 뚱뚱한 인간만이 살아남는다'(적자생존의 패러디—옮긴이), 그게 규칙 아니겠어요?

상황은 끊임없이 변해요. 그래서 우리는 늘 상황이 어떻게 전개되고 있는지 알고 싶어요. 가장 좋은 것은 그것이 어떻게 전개돼 왔는지를 아는 것이겠지요. 아니면 최소한 무엇이 언제 변화할 것인지라도 좀 알고 싶어요. 물론 세상이 우리 바람대로 되는 것은 아니에요. 그래서 우리는 조심하면서 우리가 안전하게 움직일 수 있는지 꼼꼼히 점검을 하지요.

신중함과 호기심, 고양이의 영원한 딜레마

여섯 번의 생을 살면서 쌓은 경험이 일곱 번째 생에서 우리를 그토록 회의적이고 조심스럽게 만들지요. 뜨거운 죽을 탐내는 고양이를 보셨나요? 우리 고양이들은 김이 펄펄 날 정도로 뜨거운 것은 먹지 않아요. 제아무리 맛난 음식이라도 먹다가 혀를 덴다면 무슨 소용이 있겠어요. 그러면 더 이상 쾌락과 고통이 알맞은 비율을 이루지 않게 되는 것이지요. 따라서 죽이 식을 때까지 잠시 기다리는 것이

나아요.

 음식과 음료는 너무 뜨겁거나 너무 차갑지 않아야 해요. 그렇지 않으면 몸이 알맞은 온도로 맞추느라 수고를 해야 하거든요. 그러려면 에너지가 아주 많이 들지요. 에너지는 어떤 경우든 아주 절약해서 사용해야 해요. 낭비는 죄가 되잖아요. 그리고 우리 고양이들은 덕스러운 존재들이라서 적정한 삶을 영위하기 위해 꼭 필요한 만큼만 소비해요.

 물론 적정한 삶이 어떤 것인지에 대해서는 오랫동안 논의해 봐야겠지요. 우선 소망, 능력, 기호 등 어느 것에 맞춰야 할지를 물어야 해요. 각각 전혀 다른 생각을 할 수도 있어요. 누군가는 지상 위의 천국을 원할 테고, 누군가는 자신이 지옥 같은 생활을 하지 않는다는 것만으로도 만족스러울 거예요. 나머지는 그 중간 어딘가에 있겠지요.

 우리 고양이들은 오랜 밤 토론으로부터 결론을 내렸어요. 우리는 세상에 그리 큰 요구를 하지 않아요. 배가 고프지 않고, 목이 마르지 않고, 추위에 떨지 않으면 돼요. 대략적으로 그렇다는 거예요. 그 이상의 것을 우리는 기꺼이 감사히 받아들여요(난로 앞에서 목덜미를 쓰다듬어 주는 것, 밤에 밖에 내보내 주는 것, 간혹 우유 한 그릇을 선사해 주는 것 등등). 그러나 우리는 인간의 이런 세심한 보살핌 없이도 충만한 삶을 살 수 있어요.

 아주 오래전 일본의 고양이 수도승 오네코 가쓰미는 오사카 근처에서 고대하던 열반에 들기 전 '생각의 수고양이에게 결코 소망을 갖게 하지 말라'는 말을 남겼어요. 그는 고양이로서의 일곱 번의 생을 여덟 번째, 즉 무(無)에서의 영원한 삶을 준비하는 기간으로 보았어요. 오네코는 고양이들이 첫 번째 생에서 망친 것들을 두 번째나 세 번째 생에서 만회할 수 있는 것은 신의 선물이며, 인간들에겐 그런 기회가 허락되지 않는다고 했지요. 그는 인간이 어찌하여 단 한 번의 생으로 자신을 입증해야 하는지에 대한 질문은 열어 놓았어요. 인간들이 고양이보다 생을 더 능숙하게 살 수 있어서인지(그리하여 실수를 덜 저지르고, 참회를 덜 해도 되는 것인지…… 완전히 말도 안 되는 상상이지요), 아니면 죽은 뒤 아메바, 바퀴벌레, 벼룩, 쥐 등으로 태어나 처음부터 다시 시작하거나, 영원히 지옥의 불구덩이에서 구워 삶아지는 것이 에덴동산에서의 그들의 배신에 걸맞은 적절한 벌이어서인지…….

당신이 쥐로 다시 태어날 경우를 대비해서 하는 말인데요. 고양이들이 뒤를 쫓아다니며 사냥을 해도 개인적인 유감으로 받아들이지 말아요. 그것은 고양이들 본능이니까요. 유전자요. 아시잖아요. 당신 역시 이런 경우 자신의 본능을 따르면 돼요. 숨고, 도망하고, 엄청난 번식력을 발휘하고……. 쥐들이 적들 속에서 진화의 도전을 정말로 성공적으로 극복해 냈다는 것이 당신에게 위로가 될 거예요. 하지만 어쨌든 고양이가 당신 뒤를 쫓아다닐 경우 당신이라고 말을 하세요. 그러면 식사를 하면서 식욕을 돋우는 대화를 할 수 있을 테니까요.

하지만 걱정하지 마세요. 그때까지는 아직 멀었어요. 그리고 그러는 사이에 어떤 일이 일어날지 누가 알겠어요. 아마도 당신은 쥐 대신 잠자리나 고슴도치, 검은등자칼로 환생할지도 몰라요. 아니면 강아지로 환생하거나……. 아이고, 그렇다고 해서 내가 당신이 강아지로 환생했으면 하고 바라는 건 아니에요. 인간들은 몹시 비참하게 사는 자를 보고 '개 같은 인생'이라고 하던데, 공연히 그런 말을 하는 게 아니잖아요.

우리 고양이들은 일곱 번의 생을 통해 더 나은 내세를 준비할 수 있어요. 대부분 그 기간이면 충분해요. 우리 중 몇몇은 세 번째나 네 번째 생에서 파라다이스로 들어가는 시험을 너끈히 통과하고, 나머지 생을 아주 잘 보내기도 해요.

선지자의 고양이 무사(아랍어 또는 히브리어로 모세라는 뜻-옮긴이)가 바로 그런 행복한 고양이였어요. 그렇지 않았다면 무엇 때문에 선지자가 그 고양이와 다른 모든 고양이에게 파라다이스에서 한 자리를 주겠다고 약속했겠어요? 선지자가 한 말 중에 이런 것이 있지 않나요?

'고양이들은 부정하지 않으며, 기도를 방해하지 않는다. 고양이들은 오히려 충복이자 보호자이다.'

그래요. 우리는 인간들을 지키는 보호자예요. 우리 고양이들은 집 안의 다른 동물(이와 관련해 나는 이름을 언급하고 싶지 않군요)은 따라올 수 없을 정도로 조심하고 경계를 하기 때문이지요.

우리 고양이들이 이렇게 조심스럽고 경계를 하다 보니 호기심도 많은 것이라고 설명을 드리고 싶어요. 그래요. 우리는 새로운 것에는 그다지 열광하지 않아요(이미 우리가 철저히 '보수적'이라고 할 만하다고 말한 바 있어요). 그러나 우리는 모든 것을 알고자 해요. 처음으로 우리 주변에 등장하는 것은 그것이 무엇이든 아주 철저히 점검을 하지요. 킁킁거리며 냄새를 맡고, 앞발로 만져 보고(고양이도 왼발잡이와 오른발잡이가 있다는 거 아세요?), 주변을 이리저리 맴돌다가, 다시금 킁킁거려요. 그리고 어떤 결과를 도출해 내면 그 물건을 세 등급 중 하나로 분류한답니다. '유익한', '위험한', '그저 그런' 등급이 있지요.

다음에 또 그 냄새가 나면 우리는 무슨 냄새인지 단박에 알아차려요. 그러나 그렇다고 해서 다시 한 번 정확히 탐색하는 것을 건너뛰지는 못해요. 당신은 아실 거예요. 시대가 변해서, 오늘의 이것이 어제의 그것인지 결코 확신할 수가 없잖아요.

한때 인간들은 호기심을 커다란 죄로 여겼어요. 하느님이 자신들이 알아야 할 것들을 명백히 알려 주었으므로 더 이상의 것은 알 필요가 없으며, 호기심에 굴복하는 것은 하느님의 계명을 어기는 일이라고 생각했지요.

그러나 우리는 그렇게 생각하지 않았고, 그런 식의 이야기를 하지 않았어요. 그 반대지요. 우리는 호기심을 우리 고양이가 가지고 있는 멋진 재능 중 하나라고 생각해요. 우리는 모든 것에 관심이 있고, 모든 것을 알고자 하고, 모든 것을 탐구하고 연구하고자 해요. 우리는 아주 멀리 돌아다녔어요. 항구를 떠난 배들 중 우리가 타지 않은 배는 거의 없었고(오디세우스의 배는 타지 않았어요. 그는 트로야의 해변에 우리를 비참하게 버려두고 갔지요. 그로 인해 그는 엄청난 우여곡절을 겪고 귀향하는 데 10년이 걸렸어요), 비행기나 로켓까지 탔답니다. 인간과 함께 온갖 모험을 하고 때로는 목숨까지 희생했던 고양이들을 모두 열거하려면 밤을 지새워도 모자랄 거예요.

그러니 모두 생략하고 수고양이 난센만 이야기하고 넘어갈게요. 난센은 위험한 남극 여행에서 목숨을 잃었지요. 그 뒤 프리드쇼프(노르웨이 탐험가-옮긴이)라는 인간이 그를 기려 자신을 난센이라 이름 짓고, 세상의 다른 쪽 끝(북극)에서 고양이 난센의 업적을 이었어요.

유명한 우주 고양이로는 펠릭스와 펠리세테를 들 수 있어요. 수고양이 펠릭스는 우주선을 쏘아 올리기 직전 가까스로 도망쳤어요. 그래서 암고양이 펠리세테(이런 이름의 고양이가 1963년 실제로 프랑스 우주선에 탔음-옮긴이)가 대신 우주 고양이가 되었지요. 여성들은 종종 남성들의 실수를 바로잡아야 하잖아요. 사실 펠릭스는 파리 시내에서 길고양이로 살아 본 경험이 있어요. 그래서 앞이 보이지 않는 모험에 개입하지 않았지요.

이것이 바로 우리 고양이들의 영원한 딜레마랍니다. 신중함이냐 호기심이냐, 그것이 문제로다.

이런 딜레마는 고양이 변증법으로 해결할 수 있어요. 어느 한쪽도 망치지 않으면서 말이에요. 한 가지를 하는 동시에 다른 한 가지를 놓치지 않는 것이지요. 신중한 호기심이라고 할까요? 호기심에 신중함이 깃들게 해야 한답니다. 즉 모험을 할 때 빠르게 뒤로 물러

설 수 있는 가능성을 열어 놓아야 한다는 말이에요. 신중함과 호기심 사이에서 균형을 취하는 삶을 살기 위해서는 고도의 기민성을 갖추어야 해요. 즉각 방향을 바꿔, 신속하게 도망할 수 있기 위해서라도 말이에요.

멀리뛰기를 못하는 인간더러 '고양이 점프'를 한다고 하지요. 우리는 정말이지 멀리뛰기는 잘 못해요. 하지만 대신 제자리높이뛰기는 아주 잘한답니다. 나무나 울타리가 근처에 있으면 어떤 위험이 닥쳐도 끄떡없어요. 최소한 그 순간은 모면하지요. 문제는 우리가 다시 아래로 기어 내려가야 할 때 시작되지만요. 우리 신체 구조는 너무나 완벽한데 한 가지 약점이 있어요. 바로 발톱이에요. 우리 발톱은 기어 내려가는 데는 젬병이거든요. 기어 내려가기를 잘하려면 발톱이 약간 다르게 생겨야 하는데…….

영리한 고양이들은 그런 위험한 상황에 놓이지 않도록 미리 조심을 해요. 우리는 위험한 상황에서는 언제 어디서나 조심하고 신중해야 한다는 것을 배웠어요. 호기심이 우리를 넓은 세계로 나아가게 할 때는 특히 말이지요. 그러나 우리는 또한 적절한 정도의 호기심은 포기하지 않아도 된다는 걸 알고 있어요. 익히 아는 위험은 모르는 위험보다 더 쉽게 피할 수 있으니까요.

우리 고양이들은 회의적인 편이에요. 정확히 보고, 어떻게 된 일인지 알고자 하지요. 아무것에도 속지 않으려 한답니다. 그래서 우리는 의심이 많아요. 의심한다는 것은 마음이 둘로 나뉜다는 뜻이에요.

기대를 품은 자는 결국 실망하게 되어 있어요.
현실주의자인 우리 고양이들은
세상에 그 무엇도 기대하지 않아요. 그저 우리는 무엇보다
자기 자신을 돌보아야 한다는 점을 알 뿐이죠.

의심한다는 것은 겉으로 분명해 보이는 것 외에 다른 가능성이 있을 수 있음을 결코 배제하지 않는 거예요. 그 무엇도 보이는 그대로가 아니라는 사실을 받아들이면, 생각과 다른 결과가 빚어져도 결코 놀라지 않지요.

기대를 품은 자만이 실망을 하게 돼요. 우리 고양이들은 세상에 그 무엇도 기대하지 않아요. 현실주의자들이니까요. 우리는 무엇보다 자신을 돌보아야 한다는 점을 잘 알아요.

우리가 머물다 나온 방은 다음 날도 달라지지 않았을 거예요. 의자와 소파는 여전히 전과 같은 자리에 있을 테고, 천장도 전날 저녁과 똑같을 거고요. 그러니 아무런 문제가 없겠지요. 그러나 정말 그럴까요? 아니에요. 작고 약한 우리는 모든 것에 대비하고 있어야 해요. 아무리 짧은 순간이라도 지구는 자전을 하잖아요. 모든 것이 돌아 버려 눈앞이 흐릿해지는 것을 '혁명'이라고 불러요. 그러므로 행동을 하기 전에 세계가 거꾸로 서 있는지 바로 서 있는지 일단 정확히 점검을 해야 해요.

이것이 바로 고양이와 인간의 차이점이에요. 고양이는 세상이 지금 어떤지를 알고자 해요. 하지만 인간은 세상이 왜 그렇게 생겨 먹었는지, 왜 다르게 생겨 먹지 않았는지를 알고자 하지요. 우리는 세상을 탐색하지만, 무엇이 세상을 결속하는지 알아내려 하지는 않아요.

우리가 보기에 그런 지식은 주어진 그대로의 상황에 적응하는 데 그다지 필요한 것 같지 않아요. 우리 고양이들은 생존이 목적이에요. 비밀을 들춰내기에는 할 일이 너무 많지요. 그래서 우리는 비밀은 비밀로 남도록 내버려 둬요. 왜, 어째서, 무엇 때문에 그런지는 그냥 알지 못하는 상태로 지나가요.

자연의 흐름에 온몸을 맡기는 것, 그것이 순리예요

인간은 이해하지 못하겠지만, 이런 태도가 어째서 좋은지 두 가지 이유를 알려 드릴게요.

첫째, 우리는 세계가 어떻게 돌아가며, 하나가 어떻게 다른 하나를 초래하고, 원하는 것을 얻기 위해 무엇을 해야 하는지를 조금 수고하면 알 수 있다고 봐요(물론 언제나 그렇지는 않겠지만, 종종은 그래요. 그래서 결국 이득이 되지요).

우리 고양이들은 다양한 실험을 통해, 음식을 얻거나 정원에 나가기 위해 어떻게 야옹거려야 하는지를 알아냈어요. 그러나 그것은 기술 이상은 아니에요. 고양이라면 언젠가는 습득하게 되는 단순한 기술이지요. 하지만 고양이건, 인간이건 이런 방식으로는 '삶의 의미'를 찾지 못해요.

언젠가 어느 고양이가 성전의 장막 뒤에 진리가 숨겨 있다는 이야기를 듣고는 조심스레 그리로 갔어요. 하지만 장막 뒤에는 단지 고양이 자신밖에 없었어요. 그때 그 고양이는 무엇이 진리인지를 깨달았지요.

둘째, 세계가 어떻게 돌아가는지를 알게 되었다면, 그것을 바꾸려 들지 말아야 해요. 우리 고양이들은 결코 그런 시도를 하지 않아요. 하지만 인간들은 세계를 바꾸려고 노력하지요. 그런 모습을 누누이 관찰해 왔어요. 인간들은 아침 일찍 커다란 돌을 산 위로 굴려 올리기 시작해요. 온갖 힘을 발휘해서 저녁때까지 땀을 흘리며 숨가쁘게 돌을 정상에 올려놓아요. 하지만 돌은 다시금 굴러 내려오지요. 그러면 인간들은 다음 날 아침부터 다시 시작해요. 저녁에 돌이 굴러 떨어지는데도 말이에요.

어떤 이들은 그것이 인간들의 교만에 대한 징벌이라고 했어요. 하느님에게 도전하지 말아야 한다는 뜻이지요. 또 어떤 이들은 실패에도 아랑곳하지 않고 매일 부단히 다시 도전하는 것을 인간의 교만이라고 보았지요.

아무튼 우리 고양이들은 아래쪽에 잘 있는 돌을 뭐 하러 산 위로 끌고 올라가야 하는지 자문했어요. 아주 오래전 얀센무스(이탈리아 출신의 영국 신학자 안셀무스의 패러디─옮긴이)라는 유명한 고양이 철학자가 말했듯이, 돌은 바로 그곳, 산의 아래쪽에 속해요. 산의 아래쪽에 놓여 있는 것이 돌의 숙명이에요. 이런 자연의 섭리를 부인하는 것은 즉각 징벌을 받을 수밖에 없는 죄예요.

우리 고양이들이라면 산기슭의 이런 돌 그늘에 아늑하게 자리 잡고는, 돌이 바로 그곳에 놓여 있어서 얼마나 행복한지를 찬양했을 거예요. 그리고 나서 몇 시간 정도 잠을 잔 뒤 아주 행복하고 만족스럽게 깨어나 온힘을 다해 필요한 것(이 경우는 먹을 것)을 찾아나섰겠지요. 인간들이 돌을 굴리러 오면, 우리는 다른 돌을 찾지요. 산기슭에 돌이야 뭐 많으니까요.

이처럼 인간들이 고집스럽게 세계를 변화시키려고 하는 동안, 우리 고양이들은 이 세계에서 살아남는 것에 관심을 가져요. 그러기 위해서는 깨어 있는 지각이 필요하지요. 모든 상황에서 기회만큼이나 위험도 정확히 분별해야 하거든요.

우리는 최상의 것을 희망하지 않고, 최악의 것을 염두에 두는 법을 배웠어요. 빗나갈 수 있는 것은 어느 때인가 정말로 빗나갈 수 있다는 사실을 염두에 두고 살지요. 그래서 우리는 아주 작은 변화에도 주의를 늦추지 않아요. 아주 작은 변화에도요. 중국에서 벼룩이 고양이 위에서 뜀뛰기를 하는 것이 이곳에서 지진을 유발할 수 있다잖아요. 그래서 우리는 늘 발걸음도 부드럽게 살금살금 움직여요. 지진을 일으키고 싶지는 않으니까요. 지진의 결과는 아무도 책임질 수 없고 누구도 예상하지 못해요.

이런 모습을 보고 우리더러 겁이 많고 소심하다고 한다면, 뭐 그렇게 말하라고 하세요. 우리는 그런 식으로 오늘날까지 아주 잘 살아왔으니까요. 그리고 계속해서 그런 식으로 살아가기 위해 모든 노력을 기울일 거예요.

우리 고양이들은 우리가 살아가는 세계에 아주 깊은 경외심을 가지고 있어요. 그것은 우리가 털 색깔을 막론하고 우리 공동체의 그 어떤 고양이도 차별하지 않는 것에서 시작돼요. 물론 어떤 무늬가 마음에 들지 않을 수도 있어요. 붉은 고양이는 검은 고양이보다

인간들이 고집스럽게 세계를 변화시키려고 하는 동안
우리 고양이들은 이 세계에서 살아남는 것에 관심을 가졌어요.

그러기 위해서는
지각력이 깨어있어야 해요.

자신이 더 기품 있어 보인다고 생각할지도 몰라요(반대일 수도 있고요). 하지만 모든 것은 취향의 문제일 따름이에요. 우리끼리 하는 말이지만, 밤에는 모든 고양이가 다 회색이 되니까요. 털가죽 아래에서는 우리 모두 똑같은 고양이이고, 모든 가죽의 고양이가 동일한 권리를 가지고 있어요. 물론 동일한 의무도 가지고 있지요.

이런 의미에서 나는 '동무'라는 말을 별로 좋아하지 않아요. 그 말에서는 뭔가 무차별 평등주의(획일주의) 냄새가 나거든요. 뭔가 프롤레타리아적이고 사회주의적인 느낌도 나지요. 뭔가 앞발을 불끈 쥐어야 할 것 같은……. 그러나 우리가 앞발을 높이 뻗을 때는 우리 몸을 청소하다가 자칫 균형을 잃지 않고자 할 때뿐이랍니다.

동무라는 호칭은 개인주의자인 우리 고양이들에겐 상당히 우스꽝스럽게 다가와요. 우리는 개나 늑대처럼 서로 힘을 합쳐 사냥을 하지 않거든요. 뭐 사자들은 그럴지도 모르지요. 하지만 모든 무리에는 검은 양들이 있는 법, 그들은 그냥 그렇게 내버려 두어요.

우리는 1789년에 '고양이 권리 선언'을 채택했어요. 제1조는 '고양이는 나면서부터 자유로우며 평등한 권리를 가진다'랍니다. 많은 고양이가 아직도 여전히 닭과 고등어와 연어의 평등한 배분을 놓고 다투어야 한다는 것이 심히 유감스럽지만요. 하지만 모든 발톱과 이빨을 동원해 이런 권리를 수호하는 것은 가치 있는 일이에요. 우리 중 얼마나 많은 고양이가 그것을 위해 자랑스럽게 일곱 번의 생을 기꺼이 내던졌는지 몰라요. 이게 다 다음 세대를 위해서지요. 인간들이 우리에 대한 필요성을 깨닫고, 그에 부응하는 노력을 기울이면서 상황이 점점 좋아지고 있긴 하지만요. 그에 대해 진심으로 감사드려요. 내게 약간의 참치만 남겨 주시면 돼요!

때때로 나는 인간들이 우리 고양이에게 배워서, 우리와 자신 및 전 세계를 배려하고 있다고 믿고 싶어요. 이제 인간들은 우리 고양이들이 타고난 권리를 누릴 수 있게끔 신경을 써 주고 있거든요. 충분한 식사, 잠, 약간의 운동 정도지만요. 우리가 좋아하는 운동이 뭔지는 알지요? 트리캐슬런(철인 3종 경기인 트리애슬런의 패러디— 옮긴이) 말이에요. 달리기, 사냥, 나무 기어오르기를 합친 경기지요. 많은 고양이가 트리캐슬런에서 놀라운 기량을 발휘했어요.

인간들이 자신들에게 우리 고양이들과 같은 기준을 적용하지 않는 것은 유감스러운 일이에요. 하지만 어떻게 최소한 한 번의 고양이 점프만큼도 변화되지 않을 수가 있는지……. 인간이 조심, 신중, 존중이 얼마나 중요한지를 인식할 뿐 아니라, 날마다 그 원칙에 맞게 행동하기까지는 약간 시간이 걸릴 거예요. 모든 것에 대비하지 않고 부랴부랴 새로운 모험에 뛰어들지 않기, 다른 이들의 품위를 고려하지 않고 배려 없이 밀치고 나가지 않기, 지금 가진 것에 그리고 이 세상이 제공하는 것에 만족하기.

지금 내가 한 말이 잃어버린 파라다이스, 에덴동산의 이야기처럼 들리지 않나요? 확실히 그럴 거예요! 파라다이스를 잃어버린 것이 누구 때문이었는지를 반복해서 지적하는 대신, 당신에게 고양이의 비밀을 알려 드릴게요. 기분 좋고 만족스러울 때가 바로 파라다이스예요. 바로 가르랑가르랑할 때 말이에요.

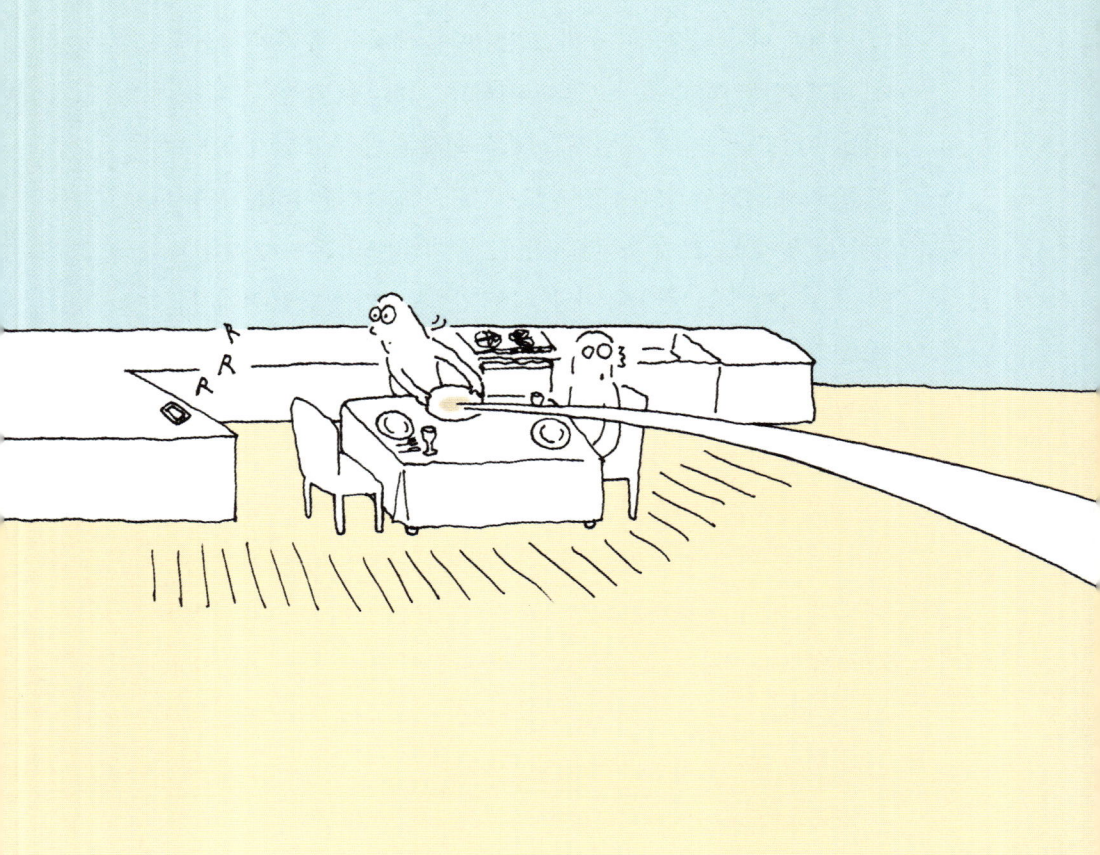

3장 우아한 고양이, 루푸스

빠르지만 절도 있게,
언제나 행동의 품격을
잃지 말아요

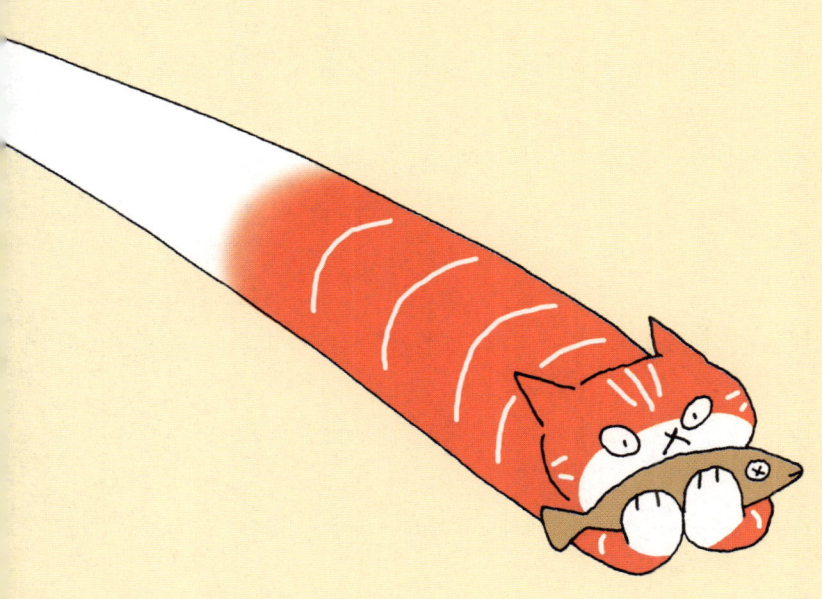

빠르지만 절도 있게,
 언제나 행동의 품격을
  잃지 말아요

지금까지의 이야기를 정리해 볼게요.

첫째, 잠은 좋은 것이다. 잠은 에너지와 힘을 절약하게 해 주고 자신과 하나가 되게 해 준다. 그것은 지상에서 누릴 수 있는 가장 큰 행복이다(나중 일은 알지 못한다. 미래로 갔다 올 수 없으니까).

둘째, 부단히 변화하며 새로운 위험과 기회가 공존하는 세상에서 늘 조심하고 주의를 게을리하지 말아야 한다. 그렇지 않으면 달콤한 잠에 빠져 있다가 갑작스레 세상을 하직하게 되는 수가 있다. 그러므로 허락되는 한 안식을 즐기라. 그러나 계속해서 다가올 일을 준비하고 깨어 있으라.

그리고 이제 내가 하려는 이야기는 이거예요. 잠을 자며 에너지를 비축해 두는 것, 극도로 조심성을 발휘하는 것 등은 어느 순간 그 에너지를 단호하게 활용할 준비가 돼 있지 않다면 아무짝에도 쓸모가 없어요.

옛날에 아주 영리한 고양이가 몇 마리 있었어요. 그들은 음식을 찾아 40년간 광야를 누볐지요. 아주 피곤하고 배가 고팠답니다. 그래도 불평하지 않고 운명에 굴복한 채 일곱 번째 생마저 희생할 뻔했어요. 그런데 어느 저녁 달이 막 떠올랐을 때 저 멀리 희미하게 약속의 땅이 보였어요.

그 땅을 탐구하기 위해 현자 타단(현자 나단의 패러디 — 옮긴이)이 선발되었지요. 그는 꼬리를 곧추세운 채 그 땅을 정확히 관찰하기 위해 언덕을 올랐어요. 얼마 되지 않아 타단이 돌아왔는데, 아주 살진 쥐와 그때까지 한 번도 본 적 없는 커다란 고깃덩이를 입에 물고 있었어요. 타단은 그것을 다른 고양이들 발 앞에 놓고 먹어 보라고 했지요.

이어 타단은 자신이 경험한 것을 보고했어요. 그곳은 젖과 꿀이 흐르는 땅이며, 그곳에서는 쥐들이 입안으로 뛰어든다고 했지요. 또 그곳에는 커다란 동물들만 사는데, 그들이 선한지 악한지, 강한지 약한지는 모르겠다고 했어요. 고양이들은 타단의 이야기를 듣고, 고기를 시식해 본 후 이렇게 외쳤어요.

"가서 그 땅에서 삽시다. 우리의 새끼들과 새끼의 새끼들이 우리에게 감사할 거예요!"

아무튼 전설은 그래요. 의심할 이유가 없어요. 그리고 이런 타단이 실제로 존재했는지는 중요하지 않아요. 어쨌든 어느 날 조심스럽고 신중하게 인간들의 집 주변을 기어 다니다가, 더 이상 광야로 돌아가지 않기로 결정했던 그 어떤 고양이가 분명히 있었을 테니까요.

억척스러운 암고양이 군다 마우제퇴터-슈누렌베르크는 구체적으로 그것이 칭얼대는 새끼들을 위해 먹을거리를 찾던 암고양이임이 분명하며, 그것을 증명할 수 있다고 믿고 있어요. 하지만 어떤 고양이가 언제, 어디에서 인간 가까이에서 살기로 용감하게 결정을 내렸는지는 전혀 중요하지 않아요.

중요한 것은 태곳적에 한 고양이가 그런 결정을 했고, 그로써 후세의 모든 고양이에게 길을 열어 주었다는 사실이에요. 고양이 철학자 프리드리히 미체(독일의 철학자 프리드리히 니체의 패러디―옮긴이)의 표현에 따르면, 위대한 행위의 의미는 무엇보다 고양이들에게 언젠가 그런 일이 가능했음을 보여 주는 것이며, 그래서 지금도 다시 한 번 그런 일이 가능하다는 점을 보여 주는 거예요. 말하자면 '그 고양이는 생의 스승이다'라는 것이지요.

암고양이든 수고양이든, 이집트에서든 시리아에서든, 사이프러스에서든 크고 광대한 세상 어느 곳에서든, 혹은 바로 여기에서든 아무튼 고양이들은 결정을 내렸어요. 엄청난 결과를 가져온 결정이었지요.

우리는 인간과 연대했어요. 강아지처럼 무조건적이거나 소나 양처럼 무방비 상태로는 아니지만, 우리는 이곳에 살기로 했고, 조만간 떠날 계획이 없어요. 자랑하려고 덧붙이는 것은 아니지만, 떠나는 건 언제든 가능할지라도 말이에요. 사실 우리는 인간들을 떠나 생존하는 게 그리 큰 문제가 되지는 않아요. 그리 편리하지도, 유쾌하지도, 쉽지도 않겠지만, 우리는 인간을 떠나 살 수 있어요. 그건 두말할 나위 없는 사실이에요.

한번 주의해서 보세요. 어떤 고양이든 집을 나가 정원에 발을 디디면 너무나 달라져요. 몸이 아주 팽팽해지고, 근육이 긴장되고, 귀가 사방으로 돌아가요. 수염은 바들바들 떨리지요. 고양이는 고개를 공중으로 쭉 뻗고, 그 무엇에게도 현혹되지 않아요. 영양 상태가 좋든 나쁘든, 피곤하든 그렇지 않든, 고양이 안에서 옛날 사냥꾼의 심장이 용솟음쳐요. 본능이 깨어나면서 그 고양이는 옛날 초원과 숲을 누비던 바로 그 고양이가 돼요.

하지만 난 과장은 하지 않겠어요. 사실 우리 중 인간들과 더불어 사는 유쾌한 삶을 스스로 포기하는 고양이는 아마 없을 거예요. 최소한 우리가 그래도 예절 바른 대접을 받는 한은 말이에요. 그에 대해 당신은 확신하셔도 돼요. 그러므로 당신 고양이가 어느 따뜻한 봄날 사라져서는 몇 시간 동안 돌아오지 않는다 해도 걱정하지 마세요. 고양이는 다만 아름다운 날을 즐기려는 것이고, 곧 다시 나타날 거예요. 어느 순간 벌써 와 있을지도 몰라요. 참치와 크림은 자유로운 야생의 삶에서는 그리 쉽게 구할 수 있는 것이 아니거든요.

문명의 편리 없이도 생존할 수 있다고 해서 야생에서 사는 것을 더 원한다거나 동경하지는 않아요. 조금 마음에 안 든다고 해서 금방 야생으로 뛰쳐나가려고 했다면 애초에 인간들과 공동체를 이루지 않았을 거예요. 파라다이스에서 쫓겨난 것만으로도 충분했어요. 이제 약속의 땅에서 다시 쫓겨날 수는 없어요. 아무리 강아지들이 구슬피 짖어 대고 쥐들이 저주를 할지라도, 우리는 자리를 지키고 있을 거예요! 소파에 누워 있을 때 우리 고양이들은 몸집과 몸무게를 열다섯 배 이상 부풀릴 수 있다는 것을 알아 두세요. 그러니 우리를 쫓아낼 생각일랑 아예 하지 말아 주세요!

내가 말하고 싶은 것은 자신에게 제공되는 기회를 낚아채야 한다는 거예요. 물론 적절한 기회가 다가올 때까지 차분히 기다릴 수 있어야 하지요. 그러나 그런 다음에는 정말로 문을 열고 기회의 머리채를 확 낚아채야 해요. 만약 기회가 도망갈 것 같으면 꼬리라도 말이에요.

'빨리'라는 말이 예전에는 뾰족한 것이나 날카로운 것을 의미했다는 사실을 아시나요? 인간들이 정확히 본 거예요. 우리 고양이들이 번개같이 빠르게 공격하려면 발톱이 날카롭고 뾰족해야 하지 않겠어요? 그래요. 우리는 발톱을 사용해요. 그것은 우리의 본능과 본성에 속해요. 우리 중 하나가 발톱으로 당신과 충돌했다면, 지금 내가 모든 고양이의 이름으로 양해를 부탁드릴게요. 우리 중 몇몇은 인간들이 우리보다 훨씬 더 반응이 느리다는 것을 인정하고 싶어 하지 않아요. 오해이자 불행이지요.

그리고 당신이 발톱 세례를 받을 만해서 고양이가 당신을 할퀴었다면, 인간들에게 우리 고양이들이 더 큰 고통을 당했음을 떠올리세요. 약간의 요오드를 바르고 반창고를 붙이면 상처는 곧 낫는답니다.

멋진 회색 수고양이 안톤 카터만은 우유를 세 그릇 먹은 다음 자

기회가 다가오면
머리채를 확 낚아채세요.

만약 기회가 도망갈 것 같으면
꼬리라도 잡아야 해요.

신의 동료에게 이렇게 말했어요.

"기회는 쥐들과 같아. 아주 많지. 그들은 여기저기 돌아다니고 있어. 하지만 그럼에도 스스로 그 기회를 잡아야만 해."

참치가 하늘에서 비처럼 내리는 것도 배제할 수 없어요. 영리한 고양이는 이처럼 있을 법하지 않은 경우에도 대비를 해야 하지요. 다만 그런 것을 신뢰해서는 안 돼요. 기적이나 우연도……. 삶에서 그런 일이 일어나면 즐겨야 하지만, 결국 자신의 운명은 스스로 돌보아야 해요. 물론 대부분 편하게 이루어지지 않아요. 그래서 결국은 스스로 행복을 데려와야 하지요.

당신이 우리가 야옹거리는 소리를 들어 보았는지 모르겠지만, 우리 고양이들끼리는 이렇게 말해요.

"참치가 고양이에게로 오지 않으면, 고양이가 참치에게로 가야 한다."

우리는 무턱대고 운명을 기다리지 않고, 운명을 활용할 기회가 주어지기를 기다린답니다.

기회를 잡으려면 항상 준비돼 있어야 해요

늘 조심하고 신중해야 한다고 백번은 말한 것 같네요. 운명은 이제 곧 놓치지 말아야 하는 유일한 기회를 제공하려 한다고 북 치고 나팔 불며 알려 주지 않기 때문이지요. 하지만 아무리 강조해도 지나치지 않은 이런 조심성은 삶을 잘 헤쳐 나가기 위한 필수 조건일 뿐 결코 충분조건은 아니에요. 기회는 별안간 예고 없이 나타날 뿐 아니라, 대부분은 예상치 못한 곳에서 나타나기 때문이지요. 기회를 알아채더라도 너무 느리고 몸이 움직이지 않아 그것을 부여잡지 못하면 무슨 소용이 있겠어요. '신속성'과 '기동력', 이것은 우리 고양이들을 완벽한 존재로 만들어 주는 능력이에요.

곁눈질로 먹이를 감지하고, 꼬리를 돌리고, 점프 한 번으로 습격하는 것. 그것이 바로 고양이가 먹잇감을 잡을 때 사용하는 최상의 방법이지요. 하지만 그렇게 했는데도 잡지 못했다면 야옹거리고 울어 봤자 소용이 없어요. 아쉬워하는 것(후회하는 것)은 게으름의 또 다른 모습일 따름이니까요.

아쉬워하지 않을 수 있다면 좋지요. 모퉁이를 돌면 벌써 한 그릇의 우유가 기다리니까요. 만약 우유가 없다면(그런 일도 일어나요), 털가죽을 한 번 흔들고 깊이 심호흡을 한 뒤 발로 기지개를 켠 다음, 길에서 만나는 다음번 쥐를 사냥해요. 약간 기다려야 할지도 몰라요. 하지만 그 시간을 이용해 잠을 자면서 새로운 힘을 다지거나 가까운 가죽 소파를 이용해 발톱을 연마할 수 있지요(가죽 소파는 발톱을 연마하라고 있는 거 아닌가요?). 언제 가죽 소파를 이용할지 알 수 없거든요.

물론 계획을 세워야 해요. 늦기 전에 모든 가능성을 염두에 두어야 하고, 늘 태곳적 발톱의 기술을 훈련해야 합니다. 만반의 준비를 갖추려면 그것은 기본이지요.

옛날에 열 마리의 고양이가 쥐를 잡으러 길을 떠났어요. 그들 가운데 다섯 마리는 멍청했고, 다섯 마리는 영리했어요. 영리한 고양이들은 발톱을 연마해 두어서 발톱이 달빛을 받아 별처럼 반짝였어요. 그러나 어리석은 고양이들은 발톱을 연마해 놓지 않았지요. 기다려도 쥐가 오지 않자 고양이들은 졸려서 그만 잠이 들고 말았어요. 그러다 자정 무렵 시끄러운 소리가 들리면서 고양이들 모두 깨어났답니다.

"쥐가 온다. 맞으러 가라!"

누군가 소리쳤고, 고양이들은 모두 일어나 쥐를 향해 달려갔지요. 그때 어리석은 고양이들이 말했어요.

"멈춰! 기다려 줘! 우린 발톱부터 연마해야 해!"

그들은 발톱을 갈기 위해 돌 앞에 멈춰 섰어요.

하지만 쥐가 다가오자 이미 발톱을 날카롭게 연마해 둔 영리한 고양이들이 쥐를 잡아먹어 버렸답니다. 나중에 어리석은 고양이들이 와서 물었어요.

"쥐 어디 있어? 우리 몫을 줘."

그러자 영리한 고양이들이 대답했어요.

"우린 너희를 모른다. 그러나 너희에게 말하노니 늘 깨어 있어라. 너희는 쥐가 올 때를 알지 못한다. 그러므로 언제나 발톱을 날카롭게 준비해 두어야 한다. 그러니 잠자코 있어라. 우리는 자면서 쥐들을 소화시켜야겠다."

아름다운 이야기 아닌가요? 이 이야기는 카체우스(십이 사도의 한 사람인 마태의 패러디―옮긴이) 복음서 25장, 냄새 번호 1-13에 기록돼 있어요. 믿을 수 없거든 한번 킁킁거려 보세요! 구석구석에서 발견할 수 있을 거예요!

이 이야기가 우리에게 하고자 하는 말은 분명해요. 계획하고 준비할 것은 반드시 해 두어야 한다는 것이지요. '그때 그랬어야 하는데', '그렇게 할걸', '그렇게 했더라면' 등의 말로는 어떤 고양이도 배부를 수 없어요. 물론 인간들이 이런 방식을 통해 살아남았다는 이야기도 들은 적이 없답니다.

인간들의 비극은 자신들이 일을 그르치게 된 정확한 이유를 너무 늦게 아는 데서 시작돼요. 비가 내렸고, 너무 늦었고, 아직 준비되지 않았고, 너무 놀랐고, 다른 일을 하고 있었고…….

물론 그럴 수 있어요. 늘 그런 일이 있을 수 있어요. 하지만 인간들은 그런 일을 통해 도무지 배우지를 못해요. 우산을 가져가든지, 제시간에 시계를 보든지 하면 되는데도 말이에요. 그래서 비극적이라는 거예요.

이쯤에서 고전 고양이 철학을 잠시 언급해도 괜찮겠지요? 난 현대인이 과거에 대해 더 이상 관심이 없다는 걸 알아요. 현대인은 모든 걸 잘 알고 있기 때문이지요. 아니면 현대인은 아무것도 모르면서 모든 걸 설명할 수 있기 때문이지요.

우리 고양이들은 역사와 전통에 대해 좀 다르게 이해해요. 선조 고양이들 시대 이래로 세계는 정말로 변했어요. 더 좋아졌다고 해야 할 거예요. 그러나 그렇다고 해서 우리가 선조들을 멍청했다고 미리 계획하고 준비하세요.
'그때 그랬어야 하는데……' 하고

때늦은 후회만 하는 고양이는
결코 배부를 수 없는 법이지요.

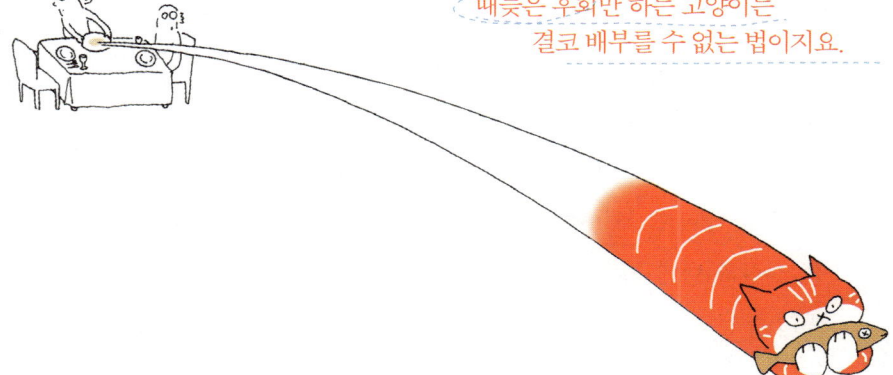

비난할 수는 없어요. 어쨌든 그들은 쥐를 스스로 잡았고, 스스로 쥐를 잡아 본 자는 누구나 알고 있듯이, 그것은 어느 정도의 영리함과 끈기 없이는 불가능하니까요.

현대 고양이들은 오늘날 다른 문제들과 씨름해야 하는지도 몰라요(소파 자리를 어떻게 사수할 것인가, 연어와 크림 중 무엇을 먼저 받는 것이 더 좋은가). 또한 우리의 야옹 소리에 옛날의 고양이들과는 다른 의미를 부여해야 하는지도 모르지요. 그러나 일곱 번의 생을 살아가는 고양이 생의 근본에 대한 질문은 오늘날에도 똑같아요. 즉 어떻게 하면 부끄러움 없이 선하고 올바르고 충만한 삶을 살 수 있는가 하는 것이지요. 그런 삶은 결코 쉽지 않아요. 그래서 아무리 오래된 조언이라도 무시해서는 안 돼요. 물론 무조건 따를 필요는 없지만, 그런 충고를 폐기 처분하기 전에 생각은 해 봐야지요.

아무튼 고양이 철학자 카초클레스(고대 그리스 시인 소포클레스의 패러디 — 옮긴이)는 야옹 소리를 크게 내는 행복한 순간의 중요성에 대해 주목했어요. 그는 이런 순간을 '카이로스'라고 명명했는데, '결정하기에 좋은 순간'이라는 뜻이에요. 그런 순간을 놓치는 것은 손해까지는 아니더라도 아주 화가 나는 일이지요. 그렇다고 무슨 특별한 행운이나 기적을 바라는 것은 아니에요.

카초클레스는 우리가 선택하고 결정하고 행동해야 하는 일상의 삶, 매일의 상황을 염두에 두었지요. 사냥하고, 먹고, 자는 것에도 좋은 시점과 나쁜 시점이 있기 때문이에요. 이 일을 하고 저 일은 내버려 두는 것이 더 나은 순간들이 있어요. 카초클레스에게 중요한 것은 인생의 하모니였어요. 적절한 리듬 속에 원래 계획했던 일을 하기 위해 알맞은 순간을 포착하는 것이지요.

러시아의 수고양이 미헬 코티쇼프는 이에 대해 아주 정확하게 표현했어요. '적절한 시간에 온 자에게 삶은 상을 준다'고 말이지요. 언제 시작하고 언제 멈출지를 알아야 해요. 그렇게 하지 않으면 뒤죽박죽 카오스가 될 거예요. 우리 고양이들은 카오스 상태를 좋아하지 않아요.

당신이 삶에서 카이로스를 놓치지 않는다면, 당신은 이미 많은 것을 이룬 거예요. 행복이 올바른 순간에 올바른 곳에 있는 것을 의미함을 안다면, 당신은 아주 행복해질 수 있어요. 그러면 자신과 조화를 이루어 살 수 있답니다. 자신이 그렇게 살고 있다고 자부하는 인간은 정말 소수지요.

당신이 아침에 잠에 취해 일어나다가 의자에 부닥쳐 발을 다친다면 그것은 절대로 우주의 잘못이 아니에요. 또한 그 의자가 당신을 골탕 먹이려고 작정했기 때문도 아니지요. 그 의자는 벌써 몇 주 전부터 다른 자리가 아닌 정확히 그 자리에 놓여 있었을 거예요. 당신을 다치게 할 의도가 없었을뿐더러, 당신을 피하고 싶어도 피하지 못해요. 이런 유감스러운 불운의 책임은 당신에게 있는 거예요. 당신이 부주의했고, 조심하지 않았고, 깨어 있지 못하고, 집중하지 않았기 때문이지요.

당신은 잘못된 결정을 내렸어요. 당신의 발로 잘못된 순간에 잘못된 자리를 디딘 것이지요. 발이 적당하지 않은 자리를 디딘 거예

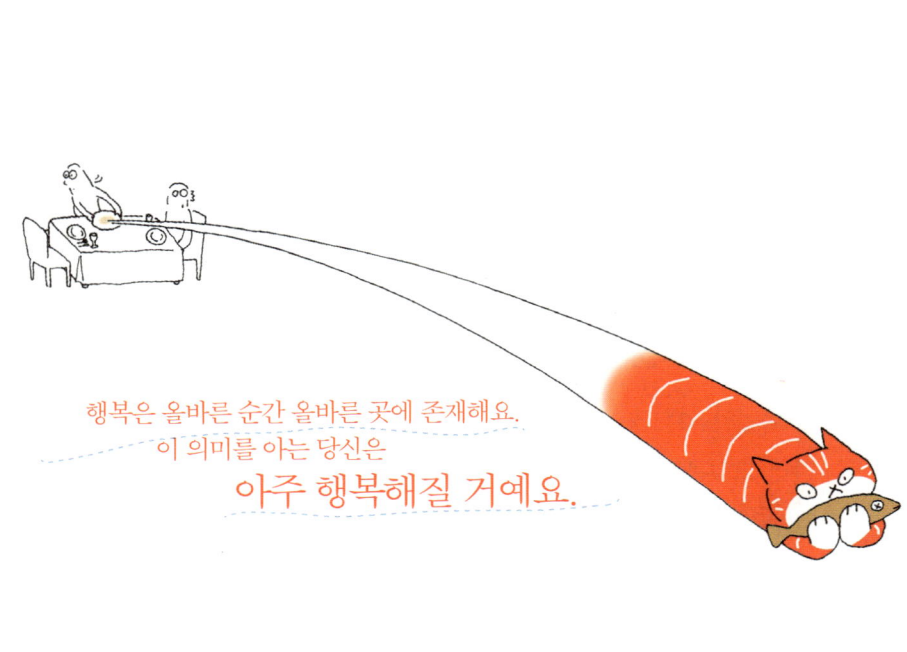

행복은 올바른 순간 올바른 곳에 존재해요.
이 의미를 아는 당신은
아주 행복해질 거예요.

요. 의자는 스스로 위치를 바꾸지 못해요. 따라서 이런 게임에서 단 하나의 변수는 당신의 발이에요. 고양이의 철학으로 말하자면, 우주와의 조화를 추구한다면 당신이 맞춰야지 우주가 맞춰야 하는 게 아니에요.

그러므로 발가락이 무지하게 아프더라도, 잠깐 멈춰 서서 심호흡을 몇 번 하고 조심스럽게 침대로 돌아가세요. 그리고 침착하게 다시 한 번 처음부터 길을 나서 보세요. 그러면 다시 조화가 이루어질 거예요.

우리 고양이들에게는 그런 불행이 아주 드물게 일어나요. 완벽한 존재인 우리는 거의 언제나 우주와 조화를 이루어 움직이기 때문이에요. 또한 손이 없고, 발톱으로 무장된 날렵한 발들만 있다 해도, 우리의 동작은 아주 유연하고 날쌔기 때문이지요.

행동에는 우아함을 곁들이세요

그러나 그것으로 충분하지 않아요! 우리 고양이들은 다음과 같은 원칙에 따라 살아요.

'뭔가를 해야 한다면 아주 멋지게 하라!'

우리는 모든 일에서 우아한 스타일에 최고의 가치를 두어요.

비용 대비 이익 면에서, 어떤 행동이나 움직임이 성공적으로 드러나는 것은 우리 생각에 의하면 아주 당연한 거예요. 애초부터 성공을 약속하지 않는 것을 뭐 하러 하겠어요?

그러므로 라이네케 수녀가 덩굴에 너무 높이 달려 있는 포도를 따지 않는 것은 아주 옳은 일이에요. 높이 달린 포도는 정말로 너무 시거든요. 그러니 포도가 아래로 처질 때까지 기다려야 해요. 아래로 처지고 나서도 여전히 그것을 맛볼 수 있고, 그것을 먹을지 말지 선택할 수 있어요. 힘과 에너지를 투입할 때는 겉보기에도 좋아야 하지요.

효율성과 미학이 중요해요. 유용한 것은 또한 아름다워야 해요. 다른 이들을 위해서가 아니라 바로 우리 자신을 위해서지요. 물론 우리는 다른 이들이 우리를 보아 주고 알아주고 칭찬해 주는 것 역시 아주 소중하게 생각해요. 그러나 우리 고양이들이 엘레강스를 중시하는 것은 우선 우리 자신을 위해서예요. 우리 자신의 높은 기준에 맞추려고 하는 것이지요. 고양이 같은 자유로운 존재들에게는 다른 기준이 있을 수 없어요.

그러나저러나 '엘레강스'가 '엘리트'와 연관이 있다는 것을 지적해야 할까요? 고상하고 우아하고 세련된 것! 그래요. 고양이의 행동을 그보다 더 정확하게 묘사하는 말은 없을 거예요!

그러나 내가 무슨 소리를 들어야 하지요? 우리 고양이가 까다롭다고요? 인간들이 우리 앞에 놓아 주는 걸 아무거나 덥석덥석 먹지 않는다고요? 인간들이 마련해 준 자리에서 자지 않는다고요? 인간들이 원할 때 쓰다듬도록 내버려 두지 않는다고요? 그래요. 그건 맞는 말일 거예요. 우리는 살아가면서 자신의 기준을 아주 가차 없이 적용한다는 점을 인정해요. 이미 말했듯이, 그러지 말아야 할 이유가 있나요?

인간들에게 아주 죽이고 들어가는 강아지들은 그렇지 않을지도 몰라요. 그러나 우리 고양이들은 그래요. 이런 행동을 까다롭다고 말해도 상관없어요. 우리에겐 그 말이 우리를 비판하는 것이 아니라, 지지해 주는 말로 들리니까요.

따라서 우리가 그리 오래되지 않은 과거에 특별한 타입의 인간들과 친했다는 사실도 놀랄 일이 아니에요. 우아함과 스타일에 커다란 가치를 두는 인간들이었지요. 그들이 좋아하는 일 중 하나는 산보였어요. 느릿느릿 여유 있게 목적지를 정하지 않고 걷는 것이지요. 그들 중 여럿은 빠르게 걷는 낭패를 당하지 않으려고 거북을 줄에 묶어 데리고 다니기도 했답니다. 그것이 좋은 인간은 다 그렇게 했지요. 하지만 거북을 데리고 다니는 인간이든 그렇지 않은 인간이든 모두 고양이를 좋아했어요. 고양이 삶의 스타일이 본받을 만했기 때문이지요.

주변을 산보하는 고양이를 한번 눈여겨보세요. 고양이는 엄밀히 말해 '걸어 다니지' 않아요. 고양이들은 기어 다녀요. 느릿느릿 가다가 여기서 머무르고, 저기서 기다리고, 조금 가다가 다시 돌아와요. 고양이는 우아하고 세련된 털 코트를 차려입은 타고난 산책자예요.

당시 많은 고양이가 이런 고상하고 교양 있는 인간들과 더불어 아주 멋지게 살았어요. 온 세계가 분주해진 오늘날, 나를 포함한 우리 대부분은 그 시절이 약간 그리워요. 그러나 그 시절은 지나갔어요. 후다닥 갔어요. 안타까운 일이에요. 하지만 어쩌겠어요.

우리가 우아하고 때로 독특하다고 해서 우리가 계속 변하는 유행을 따르는 것은 아니에요. 최소한 스스로 원해서 그러지는 않아요. 때로 우리는 인간들이 우리에게 반짝이는 목줄을 둘러 주는 걸 막지 못해요. 나는 그런 목줄이 너무 과장돼 있다고 생각해요. 특히 목줄을 이루는 그 이상한 돌들은 우리의 아름답고 반짝이는 눈과 경쟁을 해요. 그래서 우리의 자연미를 부각시키는 것이 아니라 약화시키지요.

그러니 이런 목줄이 당황스럽고 싫은 고양이들이 가능하면 빨리 이런 노예 목걸이를 벗어 버리려고 애쓰는 것은 당연한 일이에요. 우리들 사이에서 그런 목줄을 찬 고양이는 비웃음과 조소의 눈길을 받지요. 나는 내 이름을 새긴 붉은 명찰이 달린 목줄까지는 용인할 수 있어요. 이건 중요한 이야기는 아니지만, 그 때문에 일각에서는 나를 '로트실트(붉은 표지판이라는 뜻—옮긴이) 남작'이라 부르지요.

어쨌든 우리는 천 쪼가리 같은 게 필요하지 않아요. 코코 샤넬(패션 디자이너 코코 샤넬의 패러디—옮긴이)이나 카를 크랄렌펠트(패션 디자이너 카를 라거펠트의 패러디—옮긴이)가 디자인한 것도 아니라면 말이지요. 우린 오트 채투르(파리 쿠튀르 조합 가맹점에서 봉제하는 맞춤 고급 의류인 오트 쿠튀르의 패러디—옮긴이) 같은 것에 관심 없어요. 어느 점잖은 고양이가 유명하고 화려한 강아지처럼 보이길 원하겠어요? 우리는 우리 털가죽 자체의 심플한 아름다움으로 충분해요. 털가죽이 검은색이건 붉은색이건 회색이건 그리고 점박이건 줄무늬건 단색이건 간에 말이지요.

하지만 강조하건대 당신은 결코 굼뜨거나 투박하거나 서투른 몸짓의 고양이를 본 적이 없을 거예요. 인간들이 우리에 대해 무슨 얘길 했는지는 몰라도, 우리는 굼벵이처럼 둔한 몸짓으로 비틀비틀 걷지 않아요. 계속해서 신중하게 전방을 주시하긴 하지만, 어둠 속에서 어설프고 불안하게 걸음을 내딛지는 않거든요.

우리의 움직임에는 언제나 힘과 에너지와 안정감과 리듬감이 넘쳐요. 마치 경쾌한 춤과 같아요. 우리는 무엇을 어떻게 해야 하는지 정확히 알아요. 그런 것은 책에서 배울 수 있는 게 아니라, 삶의 경험에서 얻어지는 것이지요.

하지만 우리가 그런 완벽한 몸짓을 타고난 것은 아니에요. 물론 예로부터 인간들은 우리가 아주 완벽하다고 칭찬을 했지만요. 이집트 인간들도 이미 우리의 나긋나긋한 유연성과 우아한 몸짓을 알고 있었어요.

새끼 고양이일 때는 비틀거리며 어떻게 해야 할지를 모르지요. 그러나 다행히 우리 안에는 완벽함으로 나아가는 소질이 있어요. 그래서 몇 주 만에 그 소질로부터 최선의 것을 만들어 낼 수 있게 된답니다.

그런데 그렇게 되려면 무엇보다 우리가 자신의 약함을 인정하는 것이 중요해요. 예를 들면 우리는 물이나 추위에 약해요. 그래서 그것들과 직접 대면하지 않으려고 애쓰지요. 비가 오거나 눈이 오는 날에는 어떤 고양이도 자원해서 물에 뛰어들거나 밖에서 돌아다니려고 하지 않아요. 에구! 차라리 난로 앞에 누워 잠이나 청하는 것이 낫지요.

아마 당신은 물에 들어가지 않으면 물고기도 잡을 수 없는 법이라고 말할지도 몰라요. 물에 들어가지 않고서는 그렇게 좋아하는 송어, 고등어, 연어, 참치를 어떻게 손에 넣겠느냐고요. 그래요. 뭐 나쁜 이의는 아니에요. 하지만 좋은 이의도 아니에요!

우리 고양이들은 아주 오랜 세월 그런 미식가적 음식을 포기해야 했어요. 기껏해야 우리 중 몇몇이 쓰레기통을 뒤져 썩어 가는 청어를 찾아냈을 따름이지요. 끔찍한 시절이었어요. 궁핍하고, 비참하고, 참담했지요. 우리는 별의별 짓을 다 해 보았어요. 생선 시장 근처에 눌러앉아 살기도 하고, 금요일마다 교회 옆에 서 있기도 했어요. 하지만 별 도움이 되지 않았답니다. 우리 중 몇몇은 행운을 누리기도 했지만 대부분은 그렇지 못했어요.

그러고 나서 생각이 기발한 몇몇 고양이가 아이디어를 냈어요. 그 아이디어는 오늘날까지 굉장한 효과를 발휘했지요. 그들은 아주 멋진 노래를 불러 인간들을 매료시켰고, 인간들은 감사의 표시로 금 접시에 생선을 담아 주었어요. 원하는 것을 얻기 위해 자기가 가진 강점(우리의 경우에는 음악성)을 의도적으로 활용하는 모습을 보여 주는 좋은 예라 할 수 있지요.

그렇다고 마운차르트(오스트리아 작곡가 모차르트의 패러디―옮긴이)의 오페라나 메토벤(독일 작곡가 베토벤의 패러디―옮긴이)의 교향

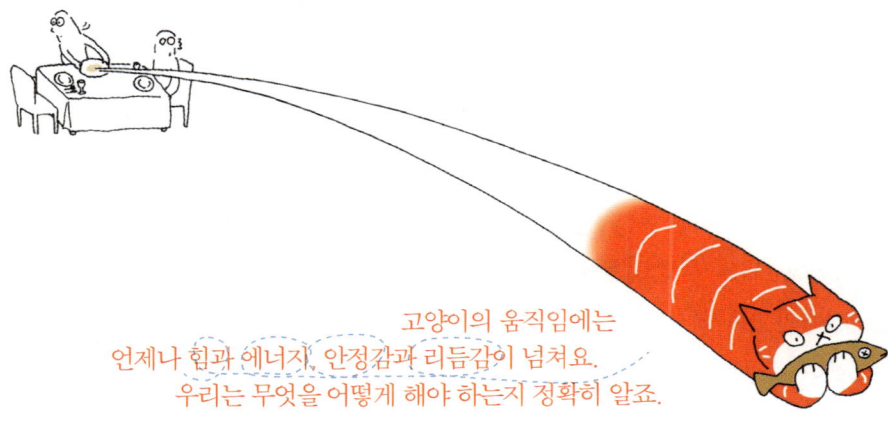

고양이의 움직임에는
언제나 힘과 에너지, 안정감과 리듬감이 넘쳐요.
우리는 무엇을 어떻게 해야 하는지 정확히 알죠.

이건 책이 아닌 삶의 경험에서 얻어야 해요.

곡을 노래할 필요는 없어요. 마이츠 데이비스(미국의 흑인 재즈 트럼 펫 연주자 마일스 데이비스의 패러디─옮긴이)나 루이 카스트롱(미국의 재즈 음악가 루이 암스트롱의 패러디─옮긴이) 같은 천부적인 캐즈 뮤지션(재즈 뮤지션의 패러디─옮긴이)이 될 필요도 없지요. 맑고 순수한 아름다움을 지닌 우리 목소리로 몇 개의 음만 내면 상자와 캔을 열기에 충분해요.

인간들은 그것을 별로 좋지 않게 생각할지도 모르겠어요. 하지만 우리 고양이들은 약함 대신 강함에 집중하기로 결정했어요. 강점을 더 완전하게 만들기로 말이에요. 이미 천년도 더 전에 위대한 포이티우스(고대 로마의 철학자 보이티우스의 패러디─옮긴이)는《고양이 철학의 위안》(《철학의 위안》의 패러디─옮긴이)이라는 그의 세기적인 저작에서 '너희가 고양이라면 강점을 강하게 하라'고 주문했어요.

포이티우스는 수도원에 살았어요. 수도원장 집 고양이이던 그는 그 이유를 이렇게 덧붙였어요.

'약함을 보완하고자 하면 잘해 봤자 중간밖에 가지 못한다. 평균보다 별로 낫지 못하고 삶 속에서 그다지 큰일을 할 수가 없다. 그러나 강점을 연마한다면 한 걸음 한 걸음 모든 고양이 안에 내재된 완벽함으로 나아가게 된다.'

다시 말해, (크림과 쥐를 통해 공급되는) 에너지를 자기가 잘하는 것에 투자하면, 최고의 이윤이 발생한다는 거예요. 따라서 잘해 봤자 그저 애호가로 남을 일에 에너지를 투자하지 말라는 것이지요.

'좋아서 하긴 하는데 잘하진 못해'라는 소리를 듣는 것은 최악의 평이에요.

잘하지도 못하는 미술을 하려고 애를 쓴다면 우아해지기는커녕 미학적으로도 봐줄 수 없게 돼요. 다른 인간들에게 가련한 꼬락서니를 제공할 뿐 아니라, 스스로도 얼굴을 붉히게 되지요. 신사 고양이로서는 정말이지 용인할 수 없는 일이에요.

적절한 시기, 행동할 순간을 기다려요

따라서 결단력과 신속성 역시 고양이가 가진 덕목이에요. 우리는 여러 세대를 거치며 그 분야에서 일가를 이루었어요. 단호하게 행동해야 할 때는 가능하면 힘차고 빠르게 우리의 의도를 흔들림 없이 실행하지요.

행동하는 것은 어쨌든 위험을 무릅쓰는 거예요. 세상 곳곳에서 우리 고양이처럼 약하고 작은 존재들을 노리는 것들에게 노출되는 일이니까요. 물론 그 뒤에 무슨 악한 의도가 있다고 생각하지는 않아요. 쥐를 잡는다고 우리더러 악하다고 비난할 수 없는 것처럼 말이에요. 고양이는 고양이의 할 일을 하는 것뿐이지요.

우리는 쥐들이 고양이를 어떻게 생각하는지 이미 알고 있어요. 그러나 우리는 쥐들에게 의견을 묻지 않아요. 그것은 아주 자연스러운 일이니까요. 우리가 더 이상 쥐들을 통해 영양을 얻지 않는다면, 참치가 그 대상이 돼야 하고, 참치들은 그것이 썩 달갑지 않을 거예요.

누군가에게 무엇을 빼앗기는 것은 유감스러운 일일지도 몰라요. 하지만 우리는 아무것도 바꿀 수 없어요. 삶은 결코 우리에게 의견을 묻지 않았어요. 우리는 그저 잠자코 주어지는 기회를 이용할 따름이지요. 어느 날 갑자기 우리가 이 세상에서 완전히 사라져 버린다면 그것이 세상에 도움이 될까요?

고양이가 없어 세상이 더 좋아진다면 우리는 점잖게 그 책임을 지겠어요. 그러나 더 좋아질 것인지는 아무도 증명할 수가 없어요. 같은 비난을 받는 모든 족속들도 똑같은 책임을 져야 할 거예요. 우선은 애초에 이 세상이 파라다이스와는 거리가 멀어지게 만든 것에 책임이 없지 않은 인간부터 말이에요. 참치를 좋아하지 않는 건 아니지만, 우리는 참치 없이도 살 수 있어요. 우리는 장기간에 걸쳐 그것을 증명했지요.

각각의 행동이 책임을, 때로는 죄를 싹 틔운다는 것을 알기 때문에 가능한 한 다른 존재들에게 위험과 부작용을 불러일으키지 않으려면 적절한 순간에 행동을 개시하는 것이 중요해요. 이를 위해 기다림의 기술을 연마해야 한다는 것을 나는 이미 자세히 설명한 바 있지요.

'기다린다'는 말이 어떤 일을 세심하고 조심스럽게 처리한다는 의미이기도 하다는 걸 이미 눈치채고 있었나요? 주위에 존재하고 있는 것들을 잘 대접해야 해요. 그러면 자기 자신도 대접을 잘 받게 돼요. 다시 말해, 자신이 기꺼이 줄 수 있는 만큼만 받기를 요구할 수 있는 것이지요.

위대한 고양이 철학자 시에나의 카테리노(중세 시대 성녀인 시에나의 카테리나의 패러디—옮긴이)는 이런 아주 단순해 보이는 원칙으로부터 오래전에 중요한 결론을 도출해 냈어요. 그는 〈기다림과 견딤의 기술〉이라는 글에서 '과도하게는 말라!'고 말했지요. 두 가지 면에서 말이에요. 한 가지는 목표를 이루기 위해 정말로 필요한 것 이상은 아무 일도 하지 말아야 한다는 점, 그리고 또 한 가지는 공정하게 얻게 되는 것 이상은 아무것도 기대하지 말아야 한다는 점이지요.

하지만 행복한 우연 같은 것을 통해 누군가에게 더 많은 것이 주어진다면, 그때는 진심으로 기뻐할 수 있겠지요. 카테리노가 다른 자리에서 말했듯이, 종종 예기치 않은 일이 찾아오니까요.

기다릴 수 있어야 하고, 강함은 활용하고, 약점은 인정하기만 하면 돼요. 그리고 기회가 주어지면 단호하게 낚아채야 하지요. 적절한 순간이 오래도록 오지 않을 때에도 삶은 계속된다는 점을 잊지 말아야 해요. 그것은 보람 있는 일이에요. 기다리는 동안에는 불필요하고 심지어는 해롭고 위험할지도 모르는 활동에 에너지를 낭비하지 않아도 되지요.

고양이들이 남긴 좋은 속담이 있어요. '화약을 너무 일찍 발사해서는 안 된다'는 것이지요. 가능하면 최대의 결과에 도달하기 위해 힘과 에너지를 언제 쓸 것인지를 정확하게 점검해야 한다는 거예요. 중요할 때 화약이 바닥나면 낭패를 보니까요. 기다린다는 것은 자신의 자원과 자기 스스로를 아주 부드럽고 조심성 있게 취급하는 것, 힘을 다 소비해 버리지 않는 것, 스스로를 썩은 고기처럼 망가뜨리지 않는 것을 의미해요. 구역질 나는 썩은 고기가 되고 싶은 이가 어디 있겠어요.

하지만 많은 인간을 관찰해 보니 인간들은 자신이 그렇게 망가져도 상관이 없다고 생각하는 듯싶어요. 그들은 그날이 끝나기 전에 누군가 자신들을 데려갈 거라고 믿는 것 같아요. 내게 그런 연대 책임을 기대하지는 마세요.

당신이 내 충고를 듣기를 원한다면 이렇게 말씀드리고 싶어요. 우리처럼 하세요! 언제나 깨어 있으세요. 조심스럽게 어떤 기회와 위험이 기다리고 있는지 점검하세요. 행동의 손익을 계산하세요. 적절한 순간이 오기를 기다리세요. 그런 다음 때가 되면 신속하고 단호하게 행동하세요. 뒷일을 생각하지 말고 말이에요(필요한 경우 나중에 사과할 수 있을 거예요). 고양이가 뭔가를 하겠다고 결심하면 그 어떤 것도 말릴 수 없어요.

당신이 원하는 것, 또는 최소한 스스로 부끄러운 마음이 들지 않는 것만 하세요. 자기 기준대로 행동하는 자는 부끄러워할 필요가 없어요.

생에서 약점이 아니라 강점에 집중하는 것이 중요하다는 사실을 늘 명심하세요. 믿어지지 않는다면, 눈먼 고양이도 쥐를 잡는다는 사실을 기억하세요. 후각과 수염으로 느끼는 진동으로 방향을 아주 탁월하게 잡지요. 물론 가는 길에 만나는 모든 쥐를 잡지는 못할 거예요(아무리 눈이 좋은 고양이라도 그럴 수는 없지요). 그러나 눈먼 고양이도 오늘날 번듯하게 살아 있어요.

4장 행복한 고양이, 루푸스

순간을 잡아요!
오늘은 두 번 다시
오지 않아요

순간을 잡아요!
오늘은 두 번 다시
오지 않아요

쾌락은 좋은 것, 최상의 것을 추구하세요

이제 완전히 다른 이야기로 가 봐요. 복잡하면서도 아주 멋진 주제로요. 바로 쾌락에 관한 이야기예요. 쾌락과 악덕에 관한 한 우리 고양이들은 이미 몇 가지 비난을 듣고 있어요. 음탕하고 탐욕스럽다고 말이지요. 더 나쁘게는 욕망을 제어하지 못하고 언제 어디서든 기회만 주어지면 욕망에 빠질 것이라고 말이에요.

그러나 그것은 인간들이 잘 몰라서 하는 소리예요. 일단 인간들이 퍼뜨리는 사악한 주장을 하나하나 자세히 살펴보도록 해요. 인간들은 우리가 식탐을 하고 군것질을 좋아한다고 말해요. 우리 고양이에게 가득 찬 우유 통을 감시하게 하는 것은 숫염소에게 정원을 맡기는 것이나 은행가에게 돈을 맡기는 것과 마찬가지일 거라고 주장하지요.

나를 포함한 대부분의 고양이가 기회를 막론하고, 우유를 한 모금 꿀꺽하는 것을 부인하지는 않겠어요. 또한 모든 고양이에게 세월이 흐르면서 각자 선호하는 우유가 생겨났다는 데에도 이의가 없어요. 어떤 고양이는 저지방 우유를, 어떤 고양이는 지방이 풍부한 우유를, 어떤 고양이는 크림을 좋아하지요. 미식가 고양이들은 좋아하지 않는 우유를 주면 발끈하며 거절해요. 굳이 그러고 싶다면 그걸 식탐이라 불러도 좋아요.

하지만 인간이 자신은 미식가라 부르면서 다른 이는 식탐을 한다고 폄훼하는 것은 참 우스워요. 우리가 가장 최상의 것, 완전한 것만을 추구하는 것이 뭐가 잘못이지요? 우리는 오래전 수고양이 오스카 차일드(아일랜드 작가 오스카 와일드의 패러디-옮긴이)가 내세운 단순한 모토에 따라 살아가요. 그는 '내 취향은 단순하다. 난 최상의 것으로만 만족한다'라고 했지요.

우리는 늘 겸손했어요. 그렇지 않았다면 어떻게 인간들에게 빌붙어 살 수 있었겠어요. 고양이들은 농담 반 진담 반으로 이렇게 말해요.

"운명이 언제 어디서나 최상의 것을 얻게끔 해 주지 않더라도, 늘 전력을 다해 최상의 것을 얻고자 노력하는 것은 아주 가치 있는 일이다."

그것이 아니면 무엇을 위해 노력하겠어요? 옹색하고 구질구질하고 하찮은 것을 위해 노력해야 할까요? 다르게 할 수 없다고 해서 더럽고 구질구질하게 살아야 할까요? 그래요. 모두가 모든 것이 될 수도 없고, 모든 것을 가질 수도 없을 거예요. 그리고 더 좋아질 수도 없을 거고요. 자신의 일을 완벽하게 할 수 있는 이는 아무도 없어요. 이 말은 고양이들은 자연이 준 완벽함을 가지고 있지만, 인간은 악명 높으리만큼 결함 있는 존재로서 결코 그럴 수가 없다는 의미예요.

그런데 오래전 영리한 수고양이 베르톨트 아우어차흐(독일의 소설가 베르톨트 아우어바흐의 패러디-옮긴이)가 뭐라고 했는지 아세요? '모든 것을 할 수 없다고 아주 작은 것까지 포기해서는 안 된다'라고 했어요.

내가 이미 말했듯이, 약함이 아니라 강함에 집중하는 것이 중요해요. 강점이 없는 이는 없을 거예요. 모두들 강점을 훈련하면 거장이 될 수 있지요.

고양이의 성욕이 왜 죄가 되지요?

이제 다른 더 무시무시한 선입견으로 넘어가 봐요. 즉 우리가 색을 밝힌다는 선입견 말이에요. 우리 고양이들이 본성상 성욕에 굴복한다고요. 우리가 단 하나, 섹스만을 염두에 두고 있다고 말이지요.

정말로 정당하게 주장하건대, 나는 상당히 오래전부터 전혀 그것과 상관없이 살았어요. 당신도 아실 거예요. 그 작지만 중대한 수

술 말이에요. 나는 타협할 수밖에 없었어요. 다른 방법이 없었으니까요.

과거를 아쉬워하지 말아야 해요. 과거만 바라보는 자는 미래를 보지 못하니까요. 옛날 어떤 여인이 절대 그러지 말라고 당부를 받았음에도 불구하고 너무나 그리운 나머지 뒤를 돌아보다가 소금 기둥으로 변한 이야기가 있어요.

내 삶의 모토는 바로 이거예요.

'거세된 고양이는 거리낌 없이 산다.'

그야말로 주어진 상황에서 최선을 다해야 해요. 난 이제 더 이상 성욕에 에너지를 쏟을 필요가 없기 때문에 아껴 둔 에너지를 좀 더 다양한 형태의 쾌락과 즐김과 충동에 쏟아부을 수 있어요. 맛있는 식사, 재미있는 오락, 공동의 노래, 회복을 선사하는 잠 등이 바로 그것이지요.

우리 고양이들이 색을 밝히는 존재라는 선입견은 많은 인간으로 하여금 이상한 생각을 하게 만들었어요. 달콤한 사랑을 즐기기 위해 고양이의 피를 마시자는 생각 말이에요. 그에 대해서는 나도 더 이상 할 말이 없어요. 하지만 그 때문에 그 기괴한 흡혈귀의 전설이 생겨난 거라고 생각해요.

내 말을 믿지 못하겠다고요? 자, 렌필드라는 이름의 사이코패스를 치료해야 했던 시워드라는 영국 출신의 유명한 박사의 학술 보고서를 보도록 하지요. 렌필드라는 인간은 시워드 박사에게 다 자란 고양이를 몇 마리 가져다 달라고 여러 번 간절하게 부탁했어요.

시워드 박사는 렌필드가 고양이와 놀기 위해 그런 부탁을 한 것이 아니라, 고양이의 피를 빨아 먹으려고 그랬다는 것을 알고 소스라치게 놀랐어요. 게다가 시워드가 더 이상 고양이를 가져다주지 않자 렌필드는 그의 목을 물려고까지 했지요. 그리고 보름달이 환한 어느 날 밤, 렌필드가 커다란 박쥐를 만나기 위해 강력한 감시망을 뚫고 도망갔을 때 놀라움은 더욱 커졌어요.

시워드 박사는 이 모든 이상한 사건을 어떻게 설명해야 할지 도무지 알지 못했지요.

몇 년 뒤에야 비로소 네덜란드의 학자 아브라함 반헬싱이 이 사건이 런던의 악명 높은 드라큘라 백작의 등장과 관련이 있었음을 밝혀냈어요. 그리고 나서 드라큘라 백작의 갑작스러운 죽음이 언론에 알려지게 됐지요. 그로 인해 수많은 고양이가 고통을 당해야 했다는 사실은 이런 소란 속에 묻혀 버렸어요. 이후 기껏해야 해당하는 문서에서 곁다리로 언급될 뿐이지요. 그런 경우에 언제나 그렇듯이 말이에요.

아무튼 우리 고양이들은 성욕이 아주 강하다고 치부되었기 때문에 우리를 성자나 천사하고 연관시키는 일은 없었어요. 이교도의 다산의 신이면 몰라도요. 그리하여 북쪽의 프레이야(사랑·아름다움·풍요의 여신—옮긴이)는 고양이가 끄는 번쩍이는 마차를 타고 다니고, 남쪽의 바스테트(고대 이집트의 풍요와 다산의 여신으로, 고양이 모습을 하고 있음—옮긴이)는 계속 고양이 머리를 가지고 있으며, 동쪽의 샤스티나는 고양이를 타고 다니지요. 또한 지옥에서 제일가

조물주는 우리에게
"생육하고 번성하라!"고 말했어요.

욕망이 죄가 되는지에 대한 논쟁은
인간들 사이에서만 통할 뿐이에요.

는 바알도 인간의 머리와 두꺼비 머리, 더불어 고양이 머리를 하고 있었다는 소문도 있지만, 나는 그것이 우화 국(國), 프로파간다 도(道), 중상모략 시(市)에서 꾸며 낸 이야기쯤으로 생각해요. 우린 정말이지 두꺼비와 아무런 연관성이 없으니까요. 정말이에요. 제발 그건 알아주세요!

어쨌든 우리 고양이를 여성을 상징하는 동물로 여기고, 여성성이 중요하던 옛 시대에 숭배를 받은 사실에 대해서는 수긍해요. 하지만 여성을 경솔하고 방만한 삶을 살아가는 듯 여기거나 여성성을 성욕과 연결시키려고 한다면, 그것은 모욕적인 비방이라고 생각해요. 참을 수 없고 용서할 수 없어요. 그리고 만약 정말로 그렇다고 해도 남자들은 마치 그런 면이 없는 것처럼 슬쩍 넘어가는 것은 정말이지 너무나 부당한 일이에요. 내가 유감스럽게 거세당하기 전의 시절을 되돌아볼 때, 우리 수고양이들도 상당히 방탕한 생활을 할 수 있거든요.

음탕한 성욕이 있다는 비난이 정당화될 수 있는 하나의, 정말 단 하나의 사정이 있어요. 그것은 바로 우리의 자연스러운 생산력이에요. 그냥 내버려 두면 우리 고양이들은 상당한 수로 늘어난다는 것을 인간들은 이미 알아챘어요.

우린 생후 4개월부터 1년에 두 번씩 일곱에서 열 마리의 새끼를 생산하지요. 그러다 보면 한 번의 생을 살면서 삼백 마리의 후손을 배출하게 돼요. 나는 이 자리에서 이 후손들과 이들의 후손들이 결국 얼마나 많은 후손을 가지게 될 것이고, 어느 시점에 도저히 수용할 수 없을 정도의 고양이가 이 지상에 있게 될지 쓸데없는 계산은 하지 않겠어요.

궁금하면 스스로 계산을 해 보세요. 어쨌든 아주 많은 수가 나올 거예요. 그러나 그것은 우리가 창조될 때부터 의도된 일이에요. 우리와의 마지막 대화에서 하느님이 그것을 분명하게 확인해 주었어요. 그는 우리에게 "생육하고 번성하라!"고 말했어요. 인간이 창조되기 전에 말이에요.

어쨌든 고양이의 이런 높은 생산력에는 두 가지 결정적인 장점이 있어요. 첫째는 그런 생산력으로 말미암아 삼엄한 생존 경쟁에서 충분한 수의 고양이가 살아남을 확률이 커지는 것이지요. 우리가 슬픈 역사로부터 알고 있듯이 희생자가 없을 수는 없어요. 그리고 두 번째 이점은 개체 수가 많음으로써 수많은 새로운 유전자 조합이 탄생하고, 그로 인해 우리는 영원한 생존 경쟁에서 가죽의 색깔이든 성격이든 간에 계속 새로운 전략들을 시험할 수가 있다는 거예요.

하지만 인간들이 고양이들을 밭이나 과일 나무 밑에 매장시켜 (달 밝은 밤, 자정 즈음에 주로 검은 고양이를 매장했지요) 고양이의 생산력을 농산물에 이용하자고 생각한 것은 정말이지 어불성설이 아닐 수 없어요. 최소한 내가 아는 한 그것은 별로 도움이 되지 않았어요. 우리 고양이들만 고통당했을 뿐이지요. 이런 우스운 방식으로 멸종당하지 않기 위해서라도 후손이 충분한 것은 도움이 되었어요.

그런데 기막힌 것은 우리 고양이보다 생산력이 월등한 다른 동물들은 결코 호색한이라는 소리를 듣지 않는다는 거예요. 가령 쥐만 해도 그래요. 쥐들은 일생 동안 사백 마리 이상의 후손을 낳아요. 게다가 여기 이 땅에는 쥐가 어마어마하게 많기 때문에(내 계산에 따르면 고양이가 팔백만 마리라면 맛있는 쥐는 삼억 마리나 돼요), 생산력에 관한 한 정말로 천문학적인 수에 이르게 돼요.

그렇다고 쥐더러 '음탕하다'거나 '호색한'이라고 하나요? 나는 아직까지 그런 말을 들어 본 적이 없고 다른 고양이들 역시 마찬가지예요. 그런데 '고양이처럼 사랑에 빠졌다'고 할 때 그 말은 고상한 호감이 아니라, 호색을 의미하는 거예요.

고양이들이 고상하고 깊은 호감을 가질 능력이 있는지는 차치하고, 나는 다만 한 가지 좋은 논증을 제시하고 싶어요. 즉 고양이가 동정녀 마리아와 아주 친한 동물이라는 것이지요. 어찌하여 그렇게 많은 그림에서 동정녀 마리아 옆에 고양이가 등장할까요? 그럴 만한 이유가 있는 것이 틀림없어요.

당신 고양이의 이마 부분에서 'M'이라는 글자를 알아볼 수 있는지 한번 보세요. 아마도 M자가 거꾸로 있을 수도 있고, 약간 흐리거나 희미해졌을 수도 있어요. M자가 있다면 그 고양이는 고양이들 사이에서 아주 유명하고 공경을 받으며 축복을 받은 극히 드문 '마리아의 고양이' 중 하나예요. 당신도 부디 그에게 합당한 공경을 보이세요. 양질의 우유와 즙이 많은 참치 한 접시로 공경을 표시하면 더욱 좋지요. 그런 거룩한 고양이들도 그런 음식을 환영할 거예요. 거룩함은 무엇보다 탁월한 미각으로 표출되거든요.

우리끼리 하는 말이지만, 욕망이 뭐가 그리 나쁘고 죄가 될까요? 우선, 욕망이 죄가 되는지에 대한 논쟁은 사실 인간들 사이에서만 통한다는 것을 확실히 하기로 해요. 아무리 어리석은 강아지라도 욕망을, 그가 그것을 아주 많이 가지고 있어도, 전혀 문제시하지 않아요. 교육을 받은 고양이는 말할 것도 없고요.

고양이들이 힘들게 박해받으며 살던 시절, 우리 고양이들은 인간에게 사랑받기 위해 봉사를 해야 하는 것은 아닌지, 인간을 위해 더 많은 일을 해야 하는 것은 아닌지 토론하곤 했어요. 인간과 함께 사냥을 떠나고, 인간이 더 이상 잘 볼 수 없을 때는 그를 이끌어 인도해 주고, 커다란 울음소리로 집을 지켜 주고, 다른 고양이들과 함께 인간의 수레를 끌어 주고, 인간에게 젖과 가죽과 고기를 제공해야 한다고 말이에요. 이보다 더 절망스러울 수가 있을까요?

사회학을 연구하는 고양이 철학자들은 우리가 생긴 대로 고양이답게 살아야 한다는 것을 증명하기 위한 아주 설득력 있고 결정적인 주장들을 내놓았어요. 생긴 대로 살아야지 그렇지 않으면 세상의 질서에 반하는 죄가 될 것이라고 말이에요. 모든 존재와 사물은 자신에게 할당된 대로 쓰여야 하는 것이라고요. 따라서 강아지는 강아지로, 인간은 인간으로, 고양이는 고양이로 살아야 해요.

게다가 다르게 살아야 한다고 주장하는 고양이들의 생각을 좇으면 다른 동물들과 건강하지 못한 경쟁에 끼어들어야 해요. 아주 많은 비용을 들여야만 이길 수 있는 경쟁이지요. 그런 식으로 하다 보면 강아지, 소, 돼지와 동등해진다는 것은 차치하고라도 말이에요. 그리고 그것은 정말로 상상할 수 없는 일이지요.

삶의 쾌락을 놓치지 마세요!

고양이 철학자 윌리엄 캐츠피어(영국의 극작가 윌리엄 셰익스피어의 패러디—옮긴이)의 유명한 말은 정말 맞는 것 같아요. 그는 '하늘과 땅 사이에는 고양이의 지혜가 꿈꿀 수 있는 것보다 더 많은 것이 있다'고 했지요. 우리 고양이들이 하루 열여섯 시간씩 자는 바람에 꿈꿀 기회가 엄청나게 많은 걸 생각하면, 대체 이 세상에 존재하는 지식은 얼마나 많겠어요.

그러니 이 경우에도 결정을 내려야 해요. 모든 면에서 중요한 결정이지요. 알 만한 가치가 있는 것이 무엇인가를 결정해야 해요. 알 것은 많고 시간은 없어요. 생이 일곱 번이라 해도 말이에요. 따라서 어떻게 결정해야 할까요? 어떤 기준으로요? 어떤 목표와 목적을 가지고요?

당신에게 결정에 대한 지침 같은 걸 주지는 않겠어요. 아무래도 당신의 법칙과 규칙은 우리 고양이들의 그것들과는 상당히 다를 테니까요. 하지만 우리가 이런 문제에서 어떻게 결정을 하는지 설명 정도는 할게요. 우리 대답은 간단하고 명백해요. 우리는 쾌락과 고통(즐거움과 괴로움)을 기준으로 결정을 해요. 여기서 인간들을 고려해 덧붙이자면, 우리는 언제나 우리에게 고통보다는 쾌락이 되는 일을 택하지요.

한 가지 분명히 짚고 넘어가야 해요. 인간들은 종종 쾌락의 고통을 우선시한다는 인상을 줘요. 이중적인 면으로 말이에요. 한편으로 인간들은 쾌락은 고상한 것이 아니며 저급하고 무가치한 본성에서 나온 것이라고 말해요. 쾌락은 악한 것으로, 유혹하는 미끼이며 모든 악과 시험의 미끼라고 하지요. 달콤한 과일을 베어 먹는 즐거움이 원죄를 만들어 내지 않았느냐고 말이에요. 그 때문에 이 지상에서 죄가 승리하지 않게 하려면, 쾌락이 가져다주는 욕망을 이성으로 이기는 일에 주력해야 하지 않겠느냐고요.

다른 한편 인간은 스스로 그런 자임을 보여 주기 위해, 쾌락의 끝을 의미하는 것을 고안해 냈어요. 바로 일이라는 것이지요. 게다가 더 기가 막힌 건 어떤 이들은 심지어 인간의 진정한 즐거움은 일에 있다고 주장한다는 거예요. 일이라는 단어가 애초부터 고생과 괴로움을 의미해 온 것인데, 정말 이상한 생각이라고밖에 할 수가 없네요.

그 점을 지적하면 인간들은 생명이 있는(살아 있는) 모든 것은 계속해서 일하고 있다고 대답해요. 졸린 눈꺼풀을 부릅뜨고 배를 긁는 것일지라도 모든 신체 활동은 힘이 든다나요. 따라서 삶과 일은 동일한 것이며, 쾌락에 몰두하는 건 생명을 위기로 내모는 것이라고 하지요.

아주 허심탄회하게 말하겠는데, 그런 말은 아주 난잡한 논증이

삶을 일로 여기는 기이한 인간의 생각에 반해
우리 고양이들은 완전히 다른,
훨씬 더 괜찮은 생각을 갖고 있어요.

쾌락은 지각 있는 모든 생명이라면
자연스럽게 추구하는 목표라고 말이에요.

에요. 일이란 건 본래 파라다이스에서 인간이 저지른 경악할 만한 죄로 인해 하느님이 인간에게 내리는 벌이라고 해도 별로 달라질 것은 없겠지요. 결국 하느님은 인간에게 일과 관련해 창조적인 해결책을 찾을 수 있도록 지혜와 지능도 주었으니까요.

기억을 되살리자면, 프랜시스 베이컨(베이컨이라니, 정말 귀가 번쩍 뜨이는 이름이 아닐 수 없군요!)은 기술을 해결책으로 보았어요. 종말이 오기 전에 인간들의 일을 덜어 주고, 신의 저주로부터 인간을 해방시키기 위해서는 적절한 기계를 발명하면 된다고 했지요. 이 베이컨이라는 인간은 똑똑한 남자였어요. 하지만 그에게 중요한 것은 이성으로 죄를 이기는 것이 아니라, 이성으로 죄의 결과를 무마시키는 것이었어요.

삶을 일로 여기는 기이한 인간의 생각에 반해, 우리 고양이들은 완전히 다른 종류의, 훨씬 더 괜찮은 생각을 가지고 있어요. 유명한 고양이 철학자 루크레티우스 카투스(로마 시인 루크레티우스 카루스의 패러디 – 옮긴이)의 말을 인용해 볼게요. 우리끼리는 그를 그냥 격의 없이 루크라츠라고 부르지요. 그는 위대한 저작 《만물의 본성에 대해》에 쾌락을 이성적이고 오성적으로 다루어야 함을 뒷받침하는 온갖 논지를 모아 놓았어요. 정말 많은 이야기를 해 놓았다니까요.

그는 우선 쾌락은 고통과 괴로움의 부재로 이해할 수 있다는 걸 분명히 해요. 따라서 쾌락을 추구하는 것은 매우 영리한 행동이라는 거지요. 그도 그럴 것이 대체 누가 자원해서 고통과 괴로움을 추구하겠어요. 지각 있는 자는 아무도 그러지 않지요. 그리하여 쾌락은 모든 생각하는 존재의 자연스러운 숙명까지는 아니더라도, 최소한 모든 행동의 목표예요. '쾌락 추구는 지각 있는 모든 생물의 특징이다'라고 토마스 폰 카친(이탈리아의 철학자 토마스 아퀴나스의 패러디—옮긴이)은 말했어요.

그 말을 약간 더 복잡한 고양이 철학의 언어로 표현하자면, 쾌락은 자아의 자연스러운 것이고, 성취된 선에 생생하게 사로잡힌 상태이며, 모든 존재의 완성이자, 영혼 깊은 곳에서 솟아나는 기쁨이라고 할 수 있어요. 간단히 말해, 쾌락은 완전함을 향한 노력을 향유하는 것이지요.

하지만 루크라츠 말대로 쾌락이 고통과 괴로움이 없는 상태라면, 쾌락은 슬픔, 절망, 낙담, 우울에 대한 해독제라 할 수도 있을 거예요. 어떻게 그럴 수가 있느냐고요? 루크라츠의 말에 따르면, 영혼의 주된 과제는 육체를 이 세계의 적대적이고 해로운 영향으로부터 보호하는 거예요. 이 세계란 고양이나 인간 따위 아무래도 좋은 그런 세계지요.

루크라츠는 신들을 우리 대부분처럼 매력적인 존재로 여겼지만, 한편으로는 자기 일에 너무 바빠 세계의 움직임에 개입할 시간도, 용건도 없을 거라고 여겼어요. 그래서 은혜를 베풀지도, 벌을 내리지도 않는 존재로 보았지요. 그리하여 세상의 도전을 극복하는 데 있어서 신을 그냥 무시해 버릴 수 있다고 생각했답니다. 그에 대해서도 아주 많은 이야기를 했어요.

그런데 영혼이 육체를 보호하는 기능을 수행하고자 할 때, 영혼은 세상 각각의 좋고 나쁜 상태를 깨닫고 판단할 수 있는 충분한 정보와 기준을 필요로 해요. 이런 기준은 쾌락이나 고통의 감정들로부터 얻어지지요.

쾌락과 연결된 것은 '선하거나' 최소한 '목적에 맞다'고 이마누엘 카츠(독일의 철학자 이마누엘 칸트의 패러디-옮긴이)는 말했어요. 그리고 이런 능력을 구별해 '미적 판단력'이라 칭했지요. 여기서 다시금 미적 감각, 즉 아름다움과 우아함이 얼마나 중요한지를 알 수 있어요. 어디까지나 부수적으로 하는 이야기지만요. 이는 곧 기뻐하는 모습, 즐거워하는 모습, 유쾌해 보이는 움직임 등 고양이의 자연스러운 우아함을 뜻하는 말이지요.

쾌락과 고통의 균형점을 찾으세요

자, 확실히 해 봅시다. 그러니까 쾌락은 즐거움을 느끼는 것이라는 말이지요. 우리는 유쾌함을 원해요. 그리고 그것을 추구하는 데 있어 쾌락은 안내자가 돼 주지요. 유쾌해지기 위해 노력하는 일이 죄가 될 수 있을까요? 말도 안 돼요. 그렇다면 사는 것 자체가 죄가 될 거예요!

물론 그렇게 주장하는 인간들이 과거에도 있었고, 지금도 여전히 있다는 사실을 잘 알아요. 그들은 쾌락을 고통보다 우선시하는 것은 허약함과 약함의 표현이라는 명제를 내놓았지요. 쾌락과 향락을 추구하지 않기 위해 이성과 의지로 모든 노력을 기울여야 한다고 했어요. 그런 방법으로 안 되면, 욕망으로부터 도망치기 위해 스스로를 벌주고 고통스럽게 해야 한다고 했지요.

그런 명제는 정말 무지막지한 난센스예요! 다시 한 번 경제적인 용어로 표현하자면, 유쾌함을 추구하는 경향이 모든 생물에 내재돼 있다면 그것을 거스르려 하는 것은 시간과 에너지를 쓸데없이 낭비하는 꼴이 돼요.

영양 섭취를 통해 메울 수 있는 것보다 더 많은 에너지를 소비하지만 않는다면, 쾌락은 행복한 상태라고 할 수 있어요. 바꿔 말해 쾌락을 거스르려면 에너지가 많이 필요해서 계속 새로운 영양원을 개발해야 한다는 것이지요. 우리가 사는 이 세상에서 그것은 쉽지 않은 일이에요. 물론 쥐야 많지만, 쥐 한 마리 대신 두 마리를 잡는 것은 언제나 더 어렵고 소모적인 일이거든요. 덧붙이자면, 어느 순간 재미는 지나가고 모든 일은 힘들고 귀찮게 되지요. 그저 일이 되는 거예요.

이제 난 우리가 계속 노력하더라도 무지하게 영리한 고양이의 삶조차 순전히 쾌락으로만 가득 차 있지는 않다는 점을 부인할 수 없고, 부인하지도 않으려 해요. 고통과 아픔과 수고 역시 유감스럽게도 삶의 구성 요소지요. 결코 가볍지 않은 구성 요소예요.

또 한 가지 탄식할 만한 상황을 지적하자면, 오늘 쾌락을 향유하는 것이 때로는 내일의 고통을 초래한다는 거예요. 점심에 우유를 너무 많이 핥아 먹으면, 저녁때는 그 어디에서도 우유를 찾을 수 없어요. 또한 쥐를 너무 많이 먹으면, 우리는 가까운 미래든 먼 미래든 언젠가는 건망증이 생기지요(그런 말을 누가 했는지는 기억이 나지 않지만 그렇다고 하네요).

우리 고양이들은 여러 세대를 거치면서 삶의 그런 화복에 불평 없이 대처하는 법을 배웠어요. 우리가 다음 날 다시금 우유를 즐기는 일이나 쥐 사냥에 나서는 것을 그 무엇도 방해하지 못해요. 하지만 이성적인 존재로서 우리는 쾌락과 고통이 때로는 은밀하게, 그러나 결국 떼려야 뗄 수 없이 서로 연결돼 있다는 사실을 인정해야 해요.

쾌락은 곧장 고통으로 변할 수도 있어요. 하지만 고통이 금방 쾌락으로 변하지는 않아요. 몇몇 고양이 철학자에 따르면, 그 역시 파라다이스에서의 그 어리석은 행동에 대한 징벌이에요.

따라서 쾌락과 고통에 대해, 그리고 어떻게 하면 감각과 이성을 동원해 조화로운 삶을 영위할 수 있을지에 대해 고민해야 해요. 내가 당신에게 주는 첫 번째 조언은 분명히 어디서 들어 보았을 거예요. 조심스럽고 신중하게 검토한 다음에 결정을 내리라는 것이지요. 가능하면 영리한 결정을 내리라고 덧붙이고 싶군요.

그러려면 우선 '향유'와 '쾌락'에는 좀 차이가 있다는 사실을 알아야 해요. 물론 쾌락은 언제나 향유와 연결돼 있어요. 하지만 모든 향유가 욕구를 만족시키는 것은 아니에요. 복잡하게 들리나요? 그렇다면 가령 '여자와 전쟁과 강아지를 향유하는 데에는 희생과 아픔이 따른다'고 말해 볼까요? 내가 '여자들'을 언급하는 것에 대해 양해를 구할게요. 이것은 내 개인적인 의견은 아니에요. 그리고 여성들과 공존하는 것이 언제나 모종의 희생과 아픔을 동반한다는 견해가 일반적으로 옳다고 생각하지도 않아요. 만약 암컷들과 사는 일이 그렇다면, 그건 물론 오로지 수고양이의 책임이지요. 따라서 다르게 말해 보자면, 최소한 몇 가지는 악과 나쁜 것을 향유하려고 해요. 하지만 그것은 완전함을 향한 노력으로서의 쾌락과는 아무 상관이 없지요.

깊이 생각하고, 고양이만큼의 분별력을 가지세요

그렇다면 우리는 대체 어떻게 좋은 것과 나쁜 것을 구별할 수 있을까요? 멍청한 질문처럼 느껴질지도 모르겠네요. 당신은 모두들 그것을 알고 있다고 말하겠지요! 그럴지도 몰라요. 나는 우리 고양이들이 본능으로 무장하고 태어났듯이 인간 역시 선악에 대한 중요한 지식을 선천적으로 가지고 있다고 믿고 싶어요.

세상이 어떤지 한번 둘러보세요. 세상이 어떻게 돼야 할 것인지가 아니라, 세상이 있는 그대로 어떻게 생겨 먹었는지 슬쩍 눈길을 한번 던져 보세요. 인간들의 약한 시력으로 보아도, 인간들이 선악에 대한 지식을 가지고 태어났을지는 모르겠으나, 태어난 다음에는 그것을 빠르게 잊어버렸다는 것(그들이 잠의 기술을 잊어버린 것처럼)을 분명히 알 수 있을 거예요.

게다가 이런 망각은 굉장히 빠르게 진행돼요. 매일 얼마나 많은 고양이가 악동들 때문에 고통을 겪는지 몰라요. 우리 털을 잡아 뜯고, 물어뜯고, 꼬리를 잡아당기고, 엉덩이를 발로 차고 말이 아니지요. 오늘날 놀이 목적의 단두대 사용이 엄격히 금지돼 있는 것이 고양이로서 얼마나 다행인지 몰라요. 이런 행동만으로도 많은 이가 악을 즐길 수 있다는 것을 보여 주지요. 그러므로 선악을 어떻게 구별할 수 있는지 다시 한 번 살펴보는 게 좋을 것 같아요. 그 대답은 심지어 인간도 이해할 수 있을 정도로 간단해요. 이성을 통해 구별할 수 있지요.

깊이 생각해 본 결과 쾌락보다는 고통을 유발한다고 판단되는 모든 즐김은 나쁜 거예요. 지금뿐만 아니라, 내일도, 모레도, 일곱 번째 생에서도 마찬가지예요.

그래요. 당신이 우리 고양이들에게 이성이 있다고 생각하지 않을 거라는 점 잘 알아요. 이성은 인간과 동물을 구분하는 기준이기 때문이지요. 그리고 그렇게 구분하는 것은 인간에게 중요해요. 정말로 중요해요. 그렇게밖에는 스스로를 정의할 수 없으니까요. 인간은 스스로를 '동물들'과 구분 지을 수밖에 없어요. 부족한 존재로서의 인간의 지위는 스스로를 동물들과 동급으로 놓기 시작하면 더욱 극명하게 차이 날 테니까요.

동물들과 비교해서 인간은 무엇인가요? 인간은 동물들처럼 그렇게 잘 보지도, 듣지도, 냄새 맡지도, 느끼지도 못해요. 인간은 그렇게 빨리 달리지도 못하고, 높이 뛰어오르지도 못해요. 쓸 만한 발톱도 없어요. 그렇게 힘이 세지도 않고, 무엇보다 멋진 꼬리도 달려 있지 않아요. 인간이 내놓을 만한 것은 그저 지능과 이해력과 영리함밖에 없어요. 우리 중 아무도 그걸 부인하지는 못해요. 우리 동물들을 괴롭히는 것에 관한 한 인간들은 정말로 무지막지하게 영리한 녀석들이에요. 그리고 경우에 따라 자신의 종족들에게도 아주 무자비하지요.

뭐 우리 동물들 역시 때로 서로에게 폭력을 행사해요. 하지만 절대적으로 필요할 때만 그렇게 하지요. 쥐들은 그렇게 생각하지 않을지도 몰라요. 하지만 쥐들 역시 우리가 자기들을 잡아먹기 전에 재미 삼아 괴롭히는 게 아니라는 것쯤은 인정할 거예요.

따라서 우리는 기꺼이 인간들이 지능, 이해력, 창조성, 혁신 등을 가지고 있다고 인정해요. 하지만 '이성'은 좀 다른 거예요. 이성은 경험, 느낌, 직관, 본능과 관계가 있지요. 그리고 그 부분에서라면 우리 동물들은(우리 고양이들은 말할 것도 없이) 인간에게 필적할 만하지요.

예를 들어 보라고요? 자, 지금까지 마약 같은 것에 중독된 고양이를 본 적이 있나요? 우리는 담배를 피우지도, 술을 마시지도 않아요. 우리는 감각만 흐리게 할 뿐인 그 모든 혐오스러운 것에 발을 담그지 않는답니다. 그럴 이유가 결코 없거든요. 타고난 총명함을 왜 그렇게 감소시키나요?

졸렬한 감각들만 가지고 있는 인간들이 그렇게 하는 것은 아무튼 놀라운 일이에요. 원래 이성은 인간들에게 기존의 결점을 더욱 크게 만드는 일에는 관여하지 말라고 권유할 거예요. 하지만 그럼에도 나쁜 것들을 즐기는 것은 인간들이 완전함에 대한 노력에서 얼마나 벗어나 있는지를 또 한 번 보여 주는 것이지요. 그런 것들은 이성적인 의미에서의 쾌락과는 거리가 멀어요.

당신은 고양이들은 쥐오줌풀이나 고양이 박하 같은 것에 어떻게 반응하느냐고, 인간이 한 잔의 와인에 유혹당하는 것처럼 고양이 역시 그런 것들에 유혹되지 않느냐고 말하겠지요. 물론 그럴 수 있어요. 그러나 이런 향유는 후유증이 남지 않아요. 어쨌든 이런 향유는 병들게 하거나, 약하게 하거나, 가난하게 하거나, 범죄를 저지르게 하지 않아요. 그것은 그냥 재미일 따름이지요. 후회할 필요도, 참회할 필요도 없는 거예요!

삶의 매 순간을 망설임 없이 즐기세요!

다시 이성적인 방법으로 고통과 쾌락을 어떻게 검토할 것인지 하는 문제로 돌아가 봐요. 우리 고양이들이 지진이나 날씨를 예언할 수 있긴 하지만, 우리의 행동을 예측하는 것은 쉬운 일이 아니에요. 그 부분에서는 더욱더 조심하고, 신중하고, 사려 깊어야 해요. 쾌락에 금방 고통이 따르는 것은 아니어서, 자신의 행동이 언제 어떤 결과를 초래할지 잘 알 수 없거든요.

간단한 예를 들어 볼게요. 우리는 스스로에게 도움이 되는 것만

먹게끔 배웠어요. 하지만 때때로 우리의 미각은 우리를 미혹시켜요. 나는 참치를 좋아해요. 그래서 가능하다면 일곱 번의 생애 내내 매일 참치를 먹을 거예요. 나는 참치 캔을 얻기 위해 점잖은 신사 고양이에게는 어울리지 않는 일들을 하기도 해요. 자세한 것은 묻지 말아 주세요. 매끈한 털가죽, 뾰족한 발톱, 예리한 감각을 유지하려면 균형 잡힌 영양이 필요하다는 걸 알면서도 그 모든 걸 해요.

그러나 이렇게 절제하지 못하고 즐긴 것에 대한 징벌이 생의 어느 시점에서 내게 닥칠 것인지, 아니면 벌을 면할 수 있을지는 그 누구도 알지 못해요. 그걸 운명이나 리스크라 할 수도 있고, 부르고 싶은 대로 부를 수도 있을 거예요. 지금까지 모든 것이 잘돼 왔기 때문에 모든 것이 잘될 수도 있어요. 하지만 불운하게 끝날 수도 있어요. 바라는 것보다 더 일찍, 더 나쁘게요.

따라서 무엇을 해야 할까요? 죄를 짓거나 책임질 행동을 하지 않는 것? 뭐 괜찮은 대안이에요. 행동하지 않고 달콤하고 깊은 잠으로 시간을 보낼 수 있을 때는 말이지요. 그럼에도 때때로 깨어날 것이고 뭔가를 먹어야 할 거예요. 그것이 한 마리의 쥐든, 우유 조금과 한 입도 안 되는 참치든……. 이렇듯 나쁜 것들을 즐기는 일에는 피할 수 없는 고통이 따라와요. 그렇게 되면 난 죽음의 검은 고양이가 잠잘 때 나를 덮쳐 주기를 바랄 뿐이에요. 물론 그럴 확률은 그리 높지 않아요. 오히려 이웃의 은색 자동차가 그렇게 할지도 몰라요. 그러면 아주 빠르게 되지요. 그냥 기다리기만 하고 놀라기만 하면 돼요.

'무위(無爲)'의 전략도 배제할 수는 없을 거예요. 하지만 그런 전략은 유쾌한 것에 대한 추구에는 별로 도움이 되지 않아요. 아무것도 하지 않는 것으로 만족하기 위해서는 쾌락에 대해 특이한 표상을 가지고 있어야 해요. 게다가 생존을 위해 어쩔 수 없이 해야 하는 활동들이라 해도, 아무런 생각 없이, 배고픔이나 목마름 같은 저급한 욕구만을 채우기 위해 한다면, 정말 유감스러울 거예요. 아름다운 것과 추한 것을 더 이상 구분할 수 없다면 정말 많은 것을 잃게 되겠지요. 그것은 창피한 일이에요.

계속 잠만 자지는 않을 거라면, 행동하기 전에 자신의 행동이 가져올 결과들을 세세하고 정확하게 예측할 수 있을 거예요. 자세한 계획을 세울 수도 있고, 각각의 결정에 대해 하나하나 개연성 있는 결과들을 따져 볼 수도 있지요. 그런 다음, 그 기회들이 위험성을 능가할 수 있을지, 어느 정도의 확률로 그렇게 될 수 있을지를 생각해 보세요.

'억수같이 비가 쏟아지고 있어 털이 다 젖을 게 뻔한데도 정원으로 가서 쥐들을 사냥해야 할까? 아니면 해가 비칠 때까지 기다리며, 그동안은 고양이 풀로 만족해야 할까? 내일이 돼도 여전히 비가 내리면 어찌할까? 모레도 계속 비가 내리면? 쥐들이 집에 머물면서 비축해 둔 먹이를 먹기로 결정하면 어떻게 될까? 그리하여 내가 쫄딱 젖어 가며 정원에서 기다리는 것이 헛수고가 돼(맙소사, 얼마나 끔찍한 상상인지) 결국은 고픈 배를 부여잡고 물러나야 한다면? 그러다 감기라도 걸리면? 혹은 쥐들이 나름대로 내가 이런 날씨에 사냥에 나서지 않을 거라는 걸 계산하고 기뻐서 정원에서 탱고를 춘다면? 그리하여 주룩주룩 비가 내리긴 하지만 힘들이지 않고 그들을 잡을 수 있다면? 또는 그들이 내가 그들이 알고 있다는 것을 알고 있다면? 이렇게 결정을 내리지 못하다가 결국 굶어 죽지 않을까?'

허겁지겁 모험에 뛰어들지 않으려면 계획하고 깊이 생각하는 일이 아주 중요하지만, 그렇다고 계획하고 생각만 하다가는 볼일 다 보는 경우가 생길 수도 있어요. 아시다시피 가장 유리한 순간, 즉 '결정하기 좋은 순간'을 놓치면 안 되잖아요.

정확하고 구체적으로 실행에 옮기지 않는다면 훌륭한 계획이 무슨 소용이 있을까요? 그래요. 나는 고픈 배를 부여잡고 멍청한 고양이 꼴로 만족해야 할 거예요. 그것으로 충분하다면 오케이, 행복하게 살면 돼요. 하지만 뭔가 더 기대한다면 때로 실패를 무릅쓰고 고통을 쾌락의 일부로 인정해야 해요. 단번에 모든 것을 생각할 수는 없거든요.

루크라츠(로마 시인 루크레티우스 카루스의 패러디─옮긴이)는 고통을 피하기만 하는 것은 중요하지 않다고, 어쨌든 우리의 세상에서 그것은 가능하지 않다고 말했어요. 대신 하나 없이는 다른 하나도 존재할 수 없음을 아는 가운데, 고통을 줄이고 즐거움을 늘리기 위해 노력해야 한다고 했지요.

그러므로 일곱 번의 생에서 쾌락이 고통보다 승하다면, 그것으로 만족해야 해요. 또는 감각과 이성을 동원해 유쾌한 것을 추구하기 위해 전력을 다했다면, 사고하는 이성적 존재가 할 수 있는 것을 한 셈이에요.

자, 이제 여기서 불가피하게 내리게 되는 결론은 무엇일까요? 우리의 존경하는 선배인 호라치우스(고대 로마 시인 호라티우스의 패러디-옮긴이)보다 더 적절하게 정리할 수는 없을 거예요. 그는 자신의 시에서 '카체 디엠'(카르페 디엠의 패러디-옮긴이)이라고 말했어요. 이 말은 '현재를 즐기라'는 뜻이에요. 그리고 '결코 다음 날을 믿지 말라'고 덧붙였지요. 고양이들이 흔히 하는 말로 하면 '오늘 할 일을 내일로 미루지 말라!'가 되는 거예요.

그것은 두 가지 관점에서 적용돼요. 첫째, 불쾌한 일이 있다면 가능하면 빨리 해 버리라는 거예요. 그러면 그것은 다 지난 일이 되는 것이지요. 대부분 고통에 대한 두려움은 고통 자체보다 더 고통스러워요. '두려움을 알면 두려움이 물러간다'고도 할 수 있지요. 따라서 막 쥐를 사냥하러 나가려고 하는데 비가 내리는 경우, 지체하지 말아야 해요. 쥐를 빨리 잡을수록 덜 젖게 되니까요.

그런 다음에는 따뜻한 난로 옆에 누워서 털을 말릴 수 있잖아요. 용기를 내 비에 도전했다는 것을 진심으로 기뻐하면서 말이에요. 다음번 고양이 모임 때, 비가 와서 게으르고 소심하게 꼬리를 내리고 있었다고 누가 이야기하고 싶겠어요? 평소 강아지들이나 그런 습성을 보이지요.

오스카 차일드(아일랜드 작가 오스카 와일드의 패러디-옮긴이)는 '밥 먹은 뒤 수다를 떨 때 화제로 삼을 수 없는 일은 결코 하지 말아야 한다'고 말했어요. 그런 자리에서는 비가 오는데도 용기를 내 결연하게 모험한 일을 말하는 게 낫지 않겠어요? 비록 쥐를 잡지는

'더 잘될 수 있었는데' 하며
떫은 표정으로 후회하는 것보다
내 인생에 주어진
즐거움을 기억하는 것이
훨씬 더 유쾌해요.

못했을지라도 말이에요.

둘째, 즐거운 일이 생기면 망설임 없이 누려야 한다는 거예요. 그런 행운이 언제 또 찾아올지 모르니까요. 그리고 완벽하지 않은 점이 있더라도 볼멘소리를 하지 말아야 해요.

물론 약간 더 맛있는 참치도 있어요. 붉은 참치는 노란 지느러미 참치보다 더 맛있어요. 새우를 곁들이면 완벽할 거예요. 하지만 어쨌든 참치는 참치이고, 참치는 맛이 있어요. 아주 황홀하게 배고픔을 달랠 수 있지요.

어쨌든 난 '모든 것이 더 잘될 수 있었는데' 하며 떫은 표정으로 완벽함을 그르친 요인을 되짚는 것보다 내 인생에 주어진 즐거움을 기억하는 것이 훨씬 더 유쾌해요. 우리 고양이들은 '최선을 다하고 그것으로 기뻐하라'고 말해요. 따뜻한 난로 옆에 누워 있는 것, 정원에서 수국에게 인사를 건네는 것, 털을 부드럽게 쓰다듬어 주는 손길을 느끼는 것······. 그 얼마나 파라다이스적 즐거움들인지요!

인간으로서 당신이 다른 요구들을 제기할 수는 있어요. 하지만 고양이가 얼마나 즐김의 대가인지 한번 정확히 봐요. 예레미아스 고트헬프(스위스의 소설가— 옮긴이)라는 이가 쓴 글이 있어요.

'누군가 고양이를 본 적이 있는가. 그들이 얼마나 기꺼이 머리를 쓰다듬도록 내 주는지, 매너 있게 털가죽을 어루만져 주면 얼마나 기분 좋아하는지, 옆으로 누워서 네 다리를 뻗고는, 한 번은 이 다리, 한 번은 저 다리를 들어 만져 주게끔 하고, 그 일이 아주 매너 있게 이루어질 때 그들의 털가죽이 얼마나 쾌감을 느끼는지.'

당신이 언제 그렇게 평화롭고 기쁨을 충만하게 느꼈는지 스스로에게 물어보세요.

고양이 지혜의 다음 기둥으로 넘어가기 전에 마지막으로 한 가지만 말할게요.

'쾌락을 느끼는 것은 좋다. 그러나 더 좋은 것은 다른 인간들에게 쾌락을 선사하는 일이다.'

이 부분에서 우리 고양이들은 전혀 이기적이지 않아요. 솔직히 인정해 보세요. 고양이들의 배를 긁어 주고 어루만져 줄 때 당신도 우리와 마찬가지로 즐겁잖아요. 또는 우리의 우아한 움직임이나, 예쁘게 잠자는 모습, 듣기 좋은 가르랑 소리, 고요하고 아름다운 우리 모습이 당신에게 기쁨을 주잖아요. 그렇지 않았다면 인간들은 오래전 우리를 영원히 내쳐 버렸겠지요.

우리 고양이들은 그것을 아주 정확히 알아요. 그래서 우리는 인간들에게 괴로움을 더하지 않으려고 노력해요. 우리는 물거나 짖지 않아요. 할퀴지도 않고요(뭐 어쩔 수 없을 때는 그렇게 하지만요). 우리는 인간들의 기분을 좋게 하려고 세심하게 신경 써요. 인간들을 방해하지 않고 어느 시점에 조용조용 방을 나서야 하는지도 알고 있어요. 우리는 모든 것에는 때가 있다는 것을 알아요. 그래서 불평 없이 당신들의 리듬에 우리 스스로를 맞추지요. '즐거움을 나누면 두 배로 즐거워지고 고통을 나누면 반으로 줄어든다'고 해요. 우리 고양이들은 최소한 그것을 지킨답니다. 인간들 역시 지킨다면, 세상이 어떤 모습이 될까요? 바람은 대답을 알지 못해요. 오직 인간들만이 알지요!

5장 만족한 고양이, 루푸스

탐욕은 어리석은 것,
적당히 그칠 줄도 알아야죠

탐욕은 어리석은 것,
적당히 그칠 줄도 알아야죠

탐욕을 버리고 현명해지세요

밥그릇을 앞에 둔 강아지를 본 적이 있나요? 그렇다면 당신은 탐욕이 어떤 건지 알 거예요! 밥그릇을 앞에 둔 고양이를 본 적이 있나요? 그렇다면 당신은 절제가 무슨 의미인지 알 거예요! 인간들이 그런 광경을 보고 뭔가를 배웠더라면 더 이상 왈가왈부할 필요가 없겠지요.

우리 고양이들은 오랜 세월 여러 가지 조건에서 인간들이 어떻게 행동하는지 관찰해 왔어요. 다양한 시대와 장소에서 성별, 사회적 지위, 나이, 지능, 문화를 막론하고 여러 유형의 인간들을 관찰했답니다. 그러고는 슬픈 결과에 이르렀지요.

우리는 엄청난 양의 데이터와 정보를 수집했고, 상상할 수 있는 모든 방법으로 그것들을 평가했답니다. 통계적으로, 기술적으로, 해석학적으로, 분석적으로, 역사적으로, 문학적으로 말이에요. 그 결과 언제나 같은 결론에 도달했어요. 탐욕은 인간이라는 속(屬)의 기본 특징 중 하나라는 것이었지요. 그리하여 우리의 수준 높은 고양이 인류학자들은 인간을 '탐욕스러운 인간'이라 부르고 있어요.

인간은 중독에 빠진 듯 소유를 추구해요. 점점 더 많이 갖고자 하지요. 그리고 아무것도 넘겨주지 않아요. 아무에게도요. 우리 고양이들이 보기에 그것은 아주 나쁜 질병이에요. 그 병은 스스로를 소진시키고 편안히 쉴 수 없게 해요. 따라서 많은 인간이 숨 가쁘게 살아가는 모습은 결코 놀라운 일이 아니에요.

이마누엘 카츠(독일 철학자 이마누엘 칸트의 패러디 — 옮긴이)가 언젠가 《도덕 형이상학》에서 말했듯이 '탐욕스럽다'는 말은 '누리는 것(즐기는 것)'보다 '소유'가 더 중요하다는 뜻이에요. 탐욕스러운 인간은 소유를 기뻐할 시간이 없어요. 소유하자마자 또다시 새로운 것, 더 많은 것을 사냥하러 나서지요. 이런 중독은 만족을 몰라요. '이 개들은 탐욕이 심해 족한 줄을 알지 못하는 자들이다'라고 카차야서(이사야서의 패러디 — 옮긴이)에 나와요. 56장 냄새 번호 11에 그렇게 돼 있지요.

탐욕스러운 인간은 만족을 몰라요. 쾌락이나 기쁨을 느끼지 못한 채 모든 것을 소유하지 못했다는 고통만을 느끼지요. 그는 또한 자신의 불같은 탐욕이 이미 이룬 것들을 어떻게 삼키는지를 파악하지 못해요. 포이티우스(고대 로마 철학자 보이티우스의 패러디 — 옮긴이)는 이에 대해 세심히 관찰한 내용을 《철학의 위안》이라는 책에 기록해 놓았어요. 누구나 읽고 알 수 있도록 말이에요.

탐욕은 어느 것 앞에서도 멈추지 않는 소모적인 불이에요. 많이 가지면 가질수록 모든 것을 잃어버릴지도 모른다는 두려움도 커지게 마련이지요. 그런 만큼 탐욕스러운 인간은 의심도 많아지고 쉬지를 못하게 돼요. 탐욕스러운 인간은 다른 인간들은 말할 것도 없고, 자기 스스로조차 배려하지 않아요. 무엇보다 그는 자신보다 약간 더 많이 가진 인간들을 측은하게 생각할 줄을 몰라요. 탐욕, 인색, 질투 등 이 세 가지가 세상 모든 고통과 비참의 진정한 원인이랍니다.

적당히 즐기고 적당히 만족하는 법을 배워야 해요

그러나 내가 무슨 말을 할까요? 당신은 이미 그 모든 것을 알고 있어요. 설명해 줄 필요가 없지요. 당신은 그런 타오르는 탐욕 속에 사는 것보다 가난하게 사는 것이 더 낫다는 점을 깨달은 현명한 인간, 호모 사피엔스예요. 탐욕은 금이나 돈으로 만족될 수 있는 것이 아니며, 오히려 돈이 있으면 다른 것들을 더 많이 갖고 싶어 한다는 것을 당신은 이미 알고 있어요. 명성, 명예, 권력, 아름다움 같은 것들……. 그중 가장 안 좋은 것은 사랑을 욕심내는 거예요.

수고양이 오스카 차일드(아일랜드 작가 오스카 와일드의 패러디—

옮긴이)가 말했듯이 '사랑받기를 원하는 것은 오만불손의 극치'예요! 사랑을 손에 넣기 위해 인간들은 모든 것을 하지 않나요? 그들은 강아지들처럼 헐떡거리고 껄떡대요. 사랑으로 해석되는 시선 한 번, 제스처 하나, 말 한마디를 위해 예의나 품위 같은 것을 모조리 집어던져요. 자신의 품위는 말할 것도 없고 상대방의 품위까지 훼손시켜요. 그런 시선과 제스처가 기껏해야 동정심이나, 이런 식의 졸렬한 애정 증명에서 조용히 놓여나고 싶은 마음에서 튀어나온 것인데도 말이에요.

우리 고양이들에게서는 그런 유치한 행동을 결코 볼 수 없을 거예요. 우리는 우리의 사랑을 그렇게 무분별하게 키우지 않고, 다른 이의 사랑을 그렇게 끈질기게 요구하지도 않아요. 우리 동족으로부터도, 인간들로부터도 말이에요. 늘 그런 것처럼 우리는 이 부분에서도 거리를 유지해요. 이런 태도는 우리를 보호해 줄 뿐 아니라, 혼탁하지 않은 시선으로 현실을 직시할 수 있도록 해 줘요.

이런 말들을 구질구질 늘어놓지 않아도, 당신은 탐욕으로는 결코 만족을 느낄 수 없으며, 오히려 혐오감을 갖게 된다는 점을 잘 알 거예요. 심한 구역질을 느낄 수도 있어요. 질주하는 탐욕에 도무지 저항할 수 없는 자기 자신에 대해서 말이에요.

당신은 조금 전 더할 수 없는 쾌락에 대해 찬양한 마당에, 그런 일이 언제 또 올지 모르니 찾아올 때마다 즐거움을 누려야 한다고 역설한 마당에, 어찌해서 이놈의 수고양이가 이제 탐욕, 인색, 질투 같은 놀라운 죄들에 대해 말하느냐고 물을 거예요.

우리 고양이들은 쾌락의 양보다는 질을 중요시해요. 그렇기 때문에 밥그릇에 먹을거리가 수북이 쌓여 있다고 해서 탐욕스럽게 밥그릇을 죄다 비우지 않아요. 물론 우리는 배고픔을 진정시켜요. 살려면 그렇게 해야 하니까요. 하지만 그렇다고 우리가 주어진 음식의 질을 전혀 평가할 줄 모른다는 뜻은 아니에요. 건조 사료를 먹어야 하는 것은 피할 수 없는 의무예요. 그러나 연어, 참치, 닭고기, 우유는 우리가 아주 맛있어 하는 먹을거리들이에요. 인간의 말로 한다면, 삶에서 많은 것을 시험해 본 후 향유와 쾌락의 질을 알고 있는 능력 있는 판단자들이 선호하는 것들이에요. 우리 고양이들은 애초에 그렇게 운명 지어진 존재들이에요. 우리는 일곱 번의 생을 살기 때문에 최고의 것을 발견하기 위해 모든 것을 점검해 볼 시간과 기회가 충분하잖아요.

따라서 쾌락은 무엇보다 경험의 문제예요. 삶에 대한 경험의 문제이지요. 나는 가끔 인간들이 자신들이 사는 세계는 복잡다단해서 그 안에서 방향을 잡기가 힘들다고 말하는 소리를 듣곤 해요. 인간들이 무조건 그렇게 보려고 한다면 좋아요. 그건 그들의 문제예요. 그러나 나는, 당신에겐 도무지 이해가 가지 않을지 몰라도, 전체의 사안을 다른 시각에서 볼 수도 있다는 점을 지적하고 싶어요. 즉 세계는 계속 새롭게 발견되는 기회와 가능성으로 가득하다는 관점 말이에요.

그러고 나서 최선의 것을 발견했다면, 우리는 적당히 즐기고 적당히 만족할 거예요. 문명화된 존재의 예의와 품위 때문에라도 그

고양이들은 쾌락의 양보다 질을 중요시해요.
최선의 것을 발견하면
적당히 즐기고 적당히 만족하죠.

렇게 할 수밖에 없어요. 우리는 인간이 우리의 코앞에 밥그릇을 들이대거나 작은 지팡이를 흔든다고 해서, 그렇게 침을 흘리고 꼬리를 흔들면서 깡충깡충 뛰지 않아요. 우리는 필요한 것을 얻었다고 막 소리를 지르지 않아요. 함성을 지르지도, 짖지도, 소리치지도 않아요. 우리 고양이들은 조용히 즐겨요. 그렇다고 우리가 즐기는 것을 볼 수 없는 건 아니에요. 다만 약간 더 자세히 보고 들어야 해요. 가르랑 소리의 강도나 식사 후 밥그릇을 얼마나 깨끗이 비우고 떠나는지 등등 말이에요. 조용히 즐긴다고 우리가 감사하지 않는다거나 음식을 주고 쓰다듬어 주는 것의 가치를 모른다고 판단해서는 안 돼요. 확신을 가지세요. 우린 다 알고 있어요. 우리는 예로부터 즐김의 전문가들이에요.

우리는 오히려 반대예요. 받아야 할 것을 받지 못하면 비로소 시끄러워져요. 소리 지르고 야옹거리고 난간과 문을 긁지요. 집 안 구석구석에 우리의 메시지를 남기고요.

인간들과 오랫동안 함께 살면서 우리는 필요할 때 어떻게 하면 우리 자신과 우리의 정당한 요구에 인간들이 주목하게 할 수 있는지를 배운 것 같아요. 지금까지 그 누구도 우리의 의사소통의 정확성을 피해 갈 수 없었어요. 우리의 수단과 방법은 효과가 계속 입증되었지요.

내가 하고 싶은 이야기는, 우리 고양이들이 쾌락과 즐거움을 강력하게 요구한다면, 그것은 탐욕 때문이 아니라는 거예요. 쾌락은 그것을 낚아채지 않을 때 비로소 진정으로 느껴지는 거예요. 초조

한 나머지 견딜 수 없을 만큼 긴장을 하다가 침착하게 심호흡을 하고는, 조심스럽고 품위 있게 다가가, 그 무엇에게도, 그 누구에게도 방해받지 않고 가차 없이 즐김에 몰입할 때 말이에요.

우리는 또한 쾌락이 무한히 주어지는 것이 아니라는 사실을 알아요. 뿐만 아니라 다른 것(물론 그 또한 유쾌한 것이지요. 삶에서 그 밖에 무엇이 가치가 있겠어요)에 몰두해야 하는 때가 언제인지를 주체적으로 결정하는 것이 교양 있는 존재들에게 어울리는 일이라는 점도 알고 있어요.

모든 이성적인 존재는 쾌락과 향락은 불가피하게 포화점에 이르며 권태 혹은 고통으로 변질된다는 사실을 알아요. 그리하여 고양이와 같은 생각하는 존재에게 중요한 것은 이런 경계에 가능하면 가까이 근접하되, 그런 경계에 완전히 도달하거나 그것을 넘어서면 안 된다는 점이에요.

이건 책으로는 배울 수 없고, 실패와 성공을 반복하고 연습에 연습을 해서 터득할 수밖에 없는 진정한 기술이에요. 유감스럽게도 너무 급하게 접근해서 경계를 훌쩍 넘어가 버릴 수도 있어요. 우리 고양이들은 물론이고 인간들은 더더욱 말이에요.

나는 한 번의 뜀뛰기로 쥐를 잡지 못해서, 두 번, 세 번, 네 번 시도한 적이 얼마나 많았는지 몰라요. 심호흡을 하고 입을 훔친 후 새롭게 집중력을 발휘해야 했지요. 그러고 나면 어느 순간 쾌락이 와요. 약속드릴게요. 거기서 실패한다 해도 세상에는 다른 종류의 쾌락이 아주 많답니다.

금욕이 아닌 절제가 중요해요

따라서 절제가 중요해요. 내가 앞에서 조화와 리듬에 대해, 영혼과 우주와의 조화에 대해 야옹거린 내용을 기억할 수 있다면, 당신은 완전히 제대로 온 거예요. 삶의 아름다움, 진실, 선, 유쾌함, 그리고 쾌락은 이런 고요한 조화 속에서만 발견될 수 있어요.

중요한 것은(내가 여기서 이런 고대적인 표현을 사용해도 된다면) 바로 '중용'이에요. 중용의 삶. 그것은 쾌락과 고통 사이에서 적정한 수준을 유지하는 삶이에요. 물론 우리는 연어를 주면 그것을 즐겨요. 하지만 싫증 날 정도로 많이 먹어서는 안 돼요. 내일, 그리고 모레에도 연어를 즐길 수 있어야 하니까요.

금욕이 아니라 절제가 중요한 거예요. 쾌락을 완전히 삼가고, 금욕과 가난과 노동에만 전념하는 것은 폭음이나 폭식과 마찬가지로 극단적인 거예요. 그 때문에 고양이들 시각으로는 마찬가지로 엄격히 거부해야 하는 것이지요.

게다가 세계는 우리에게 매일매일 금욕을 요구해요. 세계는 가능성이 풍부하지만, 그 가능성들은 위험천만한 가운데에 놓여 있기 때문이지요.

무지하게 맛있는 생선들이 물속에 살지 않고 땅에 살아 준다면 우리 고양이들이 얼마나 맛있게 먹겠어요. 하지만 당신도 알다시피 우린 물과는 친하지 않아요. 차라리 공기와 흙과 불이 낫지요. 그리고 그것으로 충분할 거예요. 그래서 우리는 물고기, 게, 새우, 조개가 얼마나 맛있는지 알지만, 탄식하지 않고, 비록 어쩔 수 없어서이긴 하지만, 이런 것들에 대해 금욕해요.

세계와 자연이 우리에게 이런 것들을 즐기는 걸 허락하지 않는다면, 우리는 그들과 다투지 않아요. 자연과 싸우는 것은 우리같이 가련하고, 작고, 약한 존재들에겐 전혀 승산이 없는 일이기 때문이지요. 따라서 우린 겸손해야 해요.

하지만 우리가 이런 금욕을 불평하지 않고 참는 것은 우리가 그것을 특별한 즐거움으로 생각하기 때문이 아니에요. 맙소사. 그렇지 않아요. 우리는 결코 '금욕'이라는 난해한 생각을 삶의 기준으로 삼을 마음은 추호도 없어요. 어떤 곳에서 우리가 바라는 쾌락이 허락되지 않는다면, 우리는 그것을 포기하지 않고 다른 시간에, 다른 곳에서, 다른 상황에서 그것을 찾아요. 어딘가에서, 어떻게, 어떤 시간에 쾌락이 찾아올지 몰라요. 당신이 회의적으로 여기기 전에 말씀드리자면, 우리는 털가죽을 적시지 않고도 생선을 즐길 수 있게 되었잖아요!

나는 인간들이 금욕을 덕으로 선언한 것은, 그들이 결함 있는 존재라 많은 즐길거리가 허락돼 있지 않기 때문이라고 생각해요. 따라서 인간들이 금욕을 덕으로 선언한 것은 아주 적절한 전략이라고 할 수 있지요. 날마다 허락되지 않은 것들에 대해 짜증을 내 봤자 무슨 소용이 있겠어요. 어차피 즐길 수 없는 것이라면, 최소한 그에 대한 좋은 이유라도 있어야 하잖아요.

그래서 인간들은 '도덕'이라는 것을 만들어 냈어요. 거기서 쾌락은 불가능한 것이 아니라, 금지돼 있는 거예요. 쾌락과 즐김에는 늘 고통과 괴로움이 따른다는 걸 깨달을 수 있는 것이지요. 죄에는 언제나 벌이 따르는 법이에요.

좋아요. 그렇게 해서 어쩔 수 없는 것을 더 쉽게 받아들일 수 있다면, 그렇게 해야겠지요. 하지만 우리 고양이들은 그런 식의 가정이 필요 없어요. 우리는 오히려 영리한 고양이 철학자 윌리엄 오컷(영국 철학자 윌리엄 오컴의 패러디-옮긴이)의 생각과 같아요. 그는 우리에게 오컷의 면도발톱(오컴의 면도날의 패러디-옮긴이)을 선사한 분이지요. 오컷은 어떤 일을 설명하기 위해 두 가지 이론이 있으면 언제나 더 간단한 것을 골라야 한다고 했어요. 필요 없는 것은 면도발톱(면도날)으로 싹둑 끊어 버려야 한다는 거예요. 그렇다면 인간과 소위 도덕의 경우에는 어떨까요?

우선 말씀드리자면, 세상에 고양이들이 계속 생존하는 것이 증명해 주듯이 우리는 도덕이라는 게 없어도 잘해 나가요. 하지만 그렇다고 우리가 비도덕적이라는 선입견을 가져서는 안 돼요. 우리가 도덕의 존재를 부인한다고 해서 도덕적 규칙에 반하게 행동하는 것은 아니니까요.

우리의 행동이 간혹 인간의 도덕적 규범에 저촉되는 일이 있을 수 있어요. 하지만 그렇다고 우리를 힐난하는 건 부당해요. 우리는 이런 규범에 동의한 적이 없으니까요. 다른 고양이들에게 한 번 물어보세요. 다른 고양이들도 그렇게 생각할 거예요.

우리가 인간 가까이 살기 때문에 인간의 도덕을 잠자코 받아들여야 한다는 생각은 절대로 용인할 수 없어요. 그렇게 치면 인간도 우리와 가까이 사니까 고양이들의 규칙을 받아들여야 하지요. 단지 인간이 우리보다 힘이 세고, 의심스러울 경우 우리가 인간에게 가할 수 있는 것보다 인간이 우리에게 더 많은 폭력을 행사할 수 있기 때문에 우리더러 인간의 규칙을 받아들이라고 한다면, 그것은 정말로 아주 싸구려 논지일 따름이에요. 야만적인 폭력에 기반을 둔 자들에게 도덕이 무슨 소용이 있겠어요!

잠깐, 뭐라고요? 쥐들과 새들을 사냥해 먹을 때 우리 고양이들도 야만적 폭력을 행사하지 않느냐고요? 표현이 맘에 안 들지만 어쨌든 우리가 그들에게 폭력을 행사하는 것은 그들을 도덕적인 이유에서 벌을 주기 위함이 아니에요. 또는 그들을 열등하게 여겨서도 아니랍니다. 완전 그 반대지요. 우리가 그들을 굉장히 질 높은 식량으로 여기기 때문이에요.

고양이의 쾌락 경제학, 일리가 있어요

어쨌든 우리 고양이들은 도덕적인 카테고리를 들이대지 않아도, 어차피 절도 있고 절제해 가며 살아요. 이성을 활용하는 것으로 충분하지요. 여러 번 반복해서 좀 그렇지만(하지만 모두가 알아들을 때까지 반복할 거예요), 절제는 경제 문제예요. 즉 가능하면 최소한의 힘과 에너지를 들여 추구하는 목표를 이루는 것이지요.

그렇다면 목표는 무엇일까요? 그건 우리가 말했다시피, 쾌락을 느끼는 거예요. 힘과 에너지를 투입하는 것은 무엇일까요? 우린 그 역시도 이미 알고 있어요. 고통, 아픔, 노동이지요. 그렇다면 이성은 무엇을 요구할까요? 획득한 쾌락이 투자한 고통보다 더 크기를 요구하지요. 이런 결과는 두 가지 측면의 영향을 받아요. 바로 쾌락과 고통이지요.

유명한 고양이 경제학자 카츠 마르크스(독일의 사회주의 경제 철학자 카를 마르크스의 패러디-옮긴이)가 언젠가 말했듯이, 우리는 한편으로는 힘과 에너지를 더 적게 쓸 수 있어요. 경험에 비추어 더 영리하고 이성적으로 행동하고, 실수를 줄이고, 불필요하고 중요하지 않은 일을 포기하면서 말이에요.

카츠 마르크스 때부터 우리 고양이들은 이런 방법을 '노동 가치설'이라 부르고 있어요. 그것은 잡은 쥐에 투입된 노동의 양을 절감시키는 것을 의미해요. 자신의 비축된 힘과 에너지를 아껴 쓰는 것은 절제의 아주 중요한 측면이지요.

쾌락의 측면에서도 그 문제에 접근할 수 있어요. 여기서도 똑같이 오컷의 면도발톱(오컴의 면도날의 패러디-옮긴이)이 중요해요. 특정한 쾌락을 맛보기 위해 그만큼 힘쓸 가치가 있는지를 스스로(스스로가 아니면 누가 하겠어요?) 물어야지요. 힘들어도 그것을 얻고 그것을 느낄 수 있기 위해 쾌락은 얼마나 커야 하는지 묻는 것이지요.

달리 말해, 배가 고프지 않은데도 작고 비쩍 마른 쥐를 사냥하는 것이 과연 가치 있는 일인가 하는 거예요. 또는 먹이 때문이 아니라 사냥을 위해 사냥하는 것이 가치 있는 일인가 하는 것이지요.

'내게 쾌락을 예비하는 것이 대체 무엇인가?'

이것은 이성을 동원해서만이 대답할 수 있는 중요한 질문이에요. 어쨌든 영리한 고양이는 쾌락을 끊임없이 의식한답니다. 고양이는 그 어떤 상황에서도 자신에게 무엇이 얼마만큼, 어떤 종류의 쾌락을 선사할 것인지, 그리고 배가 고픈데도 배를 쓰다듬어 주는 손길의 유혹에 넘어갈 수 있을 때는 어느 때이고, 그럴 수 없을 때는 어느 때인지 알고 있어요.

고양이는 또한 다양한 품질의 쾌락을 구분할 줄 알아요. 그것은 고양이가 '까다롭고 호불호가 너무 뚜렷하다'고 욕먹을 빌미를 주지요. 하지만 그래도 고양이는 끄덕도 하지 않아요. 우리는 유혹에 저항하는 것이 진정한 쾌락일 수 있음을 알거든요. 바로 그것이 이성적인 존재의 쾌락이지요.

그런데 이 부분에서 우리가 놀라는 것은 평소에는 이성과 오성이 있다고 자랑하는 인간들이 이런 정선된 만족을 추구하는 경우가 아주 드물다는 거예요. 그들은 쾌락이 양을 통해서만 증대될 수 있다고 확신하는 것이 틀림없어요. 첫 접시의 우유는 입에 너무나도 감미롭게 느껴지고, 두 번째 접시는 우유의 다양한 맛을 즐길 기회를 주고, 세 번째 접시는 약간 싫증이 나고, 네 번째 접시는 역겨움을 예비할 따름이며, 내가 여기서 무안한 나머지 감히 말하고 싶지 않은 불가피한 결과를 초래한다는 것이 비밀이 아닌데도요.

쾌락은 양을 통해 증대되지 않아요.

첫 접시의 우유는 너무나도 감미롭지만
세 번째 접시는 약간 싫증이 나고,
네 번째 접시는 역겨워요.

집착을 버리면 정말 중요한 것이 보이지요

한 바퀴 빙 돌아 원래 자리로 돌아왔네요. 중요한 것과 중요하지 않은 것을 구분하는 지점으로요. 이런 결정은 매일 스스로 내려야 해요. 그것은 여러 번의 생을 경험하더라도 여전히 쉽지가 않아요. 이성적인 고양이로서 중요하지 않은 것은 누락시킨다 해도 여전히 '중요함'이라는 카테고리에 들어갈 수 있는 것이 아주 많이 남기 때문이지요.

잠을 자야 할까요, 먹어야 할까요, 쓰다듬는 손길에 몸을 맡겨야 할까요? 정원에서 마귀를 수색해야 할까요, 아니면 새 사냥에 나서야 할까요? 왼쪽 길을 선택해야 할까요, 오른쪽 길을 선택해야 할까요? 수국에서 시작해야 할까요, 라벤더에서 시작해야 할까요?

그래요. 고양이의 삶은 굉장히 복잡할 수 있어요. 자세히 살펴보면 우리가 결정하는 일을 얼마나 힘들어 하는지 금방 알 거예요. 우리는 숨길 수 없거든요. 변덕스러운 자연이 우리가 생각할 때 꼬리가 이리저리 흔들리도록 해 놨거든요. 물론 강아지 꼬리처럼 그렇게 촐싹거리면서 흔들리지는 않고, 유유히 여유롭게 말이에요.

옛날 그리스 사람들이 우리를 '아일로로스'라고 불렀다는 사실을 이미 언급했던 것 같은데요. '꼬리를 흔드는 자'라고 말이에요. '크, 고양이는 꼬리로 생각하는군, 하하!'라고 비웃지만 말고, 당신은 생각할 때 어떻게 하는지 한번 자신을 유심히 관찰해 보세요. 연필을 물어뜯는다든지, 커피를 홀짝이고 또 홀짝인다든지, 끔찍한 악취를 풍기는 담배를 피운다든지……. 우리 역시 그런 걸 비웃을 수 있어요.

하지만 교육을 잘 받은 우리 고양이들은 그런 행동을 하지 않아요. '자신이 당하기 싫은 행동은 남에게도 하지 않는다'라는 단순한 이유 때문이지요. 이는 공동생활의 황금 규칙이에요.

꼬리를 흔들며 중요하지 않은 것을 빼 버렸는데도 여전히 우리가 동시에 처리할 수 있는 것보다 더 많은 '중요한' 일이 남아요. 우리 고양이들은 멀티태칭(멀티태스킹의 패러디─옮긴이)을 그다지 좋아하지 않고, 한 가지 일에 집중하기를 원하기 때문에(그것을 더 잘 즐길 수 있기 위해서요) 다음 결정에 도달하려면 다시금 심각한 꼬리 흔들기가 필요해요. 그러고 나서 또다시 꼬리를 흔들어 그다음 결정으로, 그리고 또 그다음 결정으로……. 그러다 어느덧 좋은 때는 지나가고 쥐들은 쥐구멍 속으로 쏙 들어가 버리지요. 이렇듯 수많은 결정 가운데에서 헤매지 않으려면 어떻게 해야 할까요?

당신에게 두 가지 답을 주려고 해요. 첫째는 다 지나간 다음에 탄식하고 언쟁하고 징징대는 것은 아무 소용이 없다는 거예요. 지난 일은 지난 일이에요. 그것은 그렇게 되었어야 해요. 혹 지난 일을 생각한다 해도 다음번에는 어떻게 하면 잘할 수 있을까를 생각해야 하지요. 그래야 자신의 행동과 실수를 분석하고 결론을 이끌어 낼 수 있어요.

두 번째는 나중에 선택의 고통이 너무 커지지 않도록, 가능하면 많은 것을 애초부터 '중요하지 않은 것', '유익하지 않은 것', '단념

할 수 있는 것'으로 평가하는 거예요.

그래서 우리 고양이들은 이 세상 대부분의 것에 상당히 무심해요. 덕분에 너무 많은 것 때문에 헷갈린 나머지, 이것, 저것, 그리고 더 많은 것 가운데에서 결정해야 하는 당혹스러운 상황에 빠지지 않아요.

우리 고양이들은 소유에 집착하지 않아요. 우리에겐 지상의 재화를 소유하는 것이 중요하지 않거든요. 그것들이 우리에게 의미를 갖는다면, 그것은 단지 우리가 그것들을 향유할 수 있기 때문이에요. 캔을 따서 그 속의 내용물을 먹을 수 없다면, 고급 참치 한 캔을 소유하는 것이 무슨 소용이 있겠어요.

따라서 우리는 인간에게 그리도 중요해 보이는 모든 것에 신경 쓸 필요가 없어요. 즉 소유를 늘리기 위해 모든 것을 할 필요가 없다는 거예요. 인간들은 단 한 번뿐인 삶의 대부분을 소유를 늘리기 위해 애쓰는 데 소비해요. 소유에 대한 탐욕이 인간들의 힘을 소진시킬 뿐 아니라, 수많은 결정을 내리는 데 더욱 많은 시간과 에너지를 소비하게 해요. 잘못된 결정을 내릴지도 모른다는 두려움 속에서 말이지요.

그것은 계산에 능하지 못한 우리 고양이들도 곧장 파악할 수 있는 아주 단순한 사안이에요. 한 가지 대안을 선택할 때 그 대안을 실행에 옮기기 위한 직접적인 비용을 유념해야 할 뿐 아니라, 다른 대안들을 포기하는 데서 비롯되는 비용도 계산해야 해요. 그것을 '포기 비용'이라 하지요.

기본적인 사칙 연산(고양이 수학에서 통용되는 연산은 네 가지가 있는데, 발 하나에 연산 한 가지씩이 대응돼요. 그래서 잊어버릴 염려가 없어요)을 적용하면 이런 포기 비용은 대안이 많을수록 더 늘어난다는 것을 보여 줘요.

예를 들어 볼게요. 내가 참치와 고등어 가운데 선택을 해야 한다고 해 봐요. 참치와 고등어는 내게 같은 장소에서 같은 양이 제공돼요. 그리고 참치와 고등어가 내게 같은 만족감을 준다고 가정해 봐요. 그렇다면 그로부터 포기 비용도 서로 같다는 결과가 나오겠지요. 이제 내가 참치와 고등어 중 하나를 먹으면 배가 불러서 두 그릇을 연달아 해치우지는 못하며, 마지막으로 하나를 선택하면 다른 하나를 멀리하게 돼서(고양이들을 이런 끔찍한 방식으로 대하는 인간들이 있어요) 각각 반 그릇씩 먹을 수는 없다고 해 봐요.

내가 참치를 먹기로 결정하면, 나는 참치가 주는 즐거움에서 고등어를 포기하는 비용을 빼야 해요. 어쨌든 이런 포기는 내게 고통을 안겨 주므로, 이런 경우 참치에서 느끼는 쾌락은 고등어가 없었을 경우 가능했을 것의 반밖에 되지 않아요. 이런 조건에서 세 번째 대안이 존재한다면, 가령 송어라는 대안이 있다면, 기쁨은 3분의 1로 줄어들고, 네 번째 대안이 있다면 4분의 1로 줄어들고, 계속 그런 식으로 돼요. 따라서 대안이 많은 것이 정말로 유익한지, 아니면 그렇게 많은 것을 포기해야 하는 상황에서 대안은 쾌락보다는 오히려 고통을 더 크게 하는 것은 아닌지 질문할 수 있어요.

뭐 선호하는 것이 분명하다면 좋아요. 포기가 고통으로 다가오지 않는다면 더욱 좋아요. 그러나 포기 비용을 줄일 최상의 가능성은 애초에 그렇게 많은 바람을 갖지 않는 거예요. 갖지 않은 것은 포기할 필요가 없으니까요. 삶은 그렇게 간단할 수 있어요.

우리 고양이들은 아주 적은 것으로도 충분히 만족스러울 수 있어요. 먹고, 마시고, 자고, 쓰다듬어 주는 손길만 있으면(경우에 따라 약간의 섹스만 있으면). 즉 욕구가 적으면 쾌락의 질에 더욱더 신경 쓸 수 있어요. 그러면 최상의 것은 고사하고 전혀 좋은 것도 아닌 그냥 닥치는 대로의 것에 만족할 필요가 없지요.

이렇듯 욕구를 절제하기 때문에 우리는 온몸의 에너지를 활용해 순간의 충만한 감정을 느낄 수 있어요. 우리는 몸의 세포 하나하나를 동원해 향유를 해요. 가르랑거리는 소리를 통해 우리의 즐거움을 전 세계와 나누지요. 이런 만족스럽고 행복한 가르랑거림은 위장할 수 없어요. 그것은 언제나 진실한 감정의 정직한 표현이지요. 고양이들이 의뭉스럽고 교활하다고요? 참 웃기지도 않네요!

고양이는 세상을 바꾸려 하지 않고 이해할 뿐이에요

욕구를 절제하는 또 하나의 이유가 있어요. 고상한 루크라츠(로마 시인 루크레티우스 카루스의 패러디-옮긴이) 같은 고양이는 이를 가장 중요한 것으로 여길 정도예요.

세상이 변함에 따라 우리의 생존 방식도 변해요. 하지만 세상은 우리가 영향을 끼칠 수 없는 법칙과 과정을 통해 변하지요.

우리가 원하든 원치 않든, 우리에게 맞든 맞지 않든, 우리가 동의하든 하지 않든 비가 내려요. 기도도, 애원도, 화를 내는 것도, 저주를 퍼붓는 것도 도움이 되지 않아요. 구름이 걷히고 다시 해가 나기를 기다리는 수밖에 없어요. 우리 고양이들은 아무것도 변화시킬 수 없어요. 영리한 인간들도 마찬가지예요. 폭풍이나 홍수, 지진, 화산 폭발은 어떻게 할 수가 없어요. 영원히 계속되는 생명의 생성과 소멸도요.

인간은 영원히 살고 싶어 해요. 영원히 살아서 뭘 하려는지 궁금하지만 말이에요. 우리는 고양이가 해야 하는 것을 우아하고 품위 있게 하기 위해 일곱 번의 생이면 충분하다고 생각해요.

인간은 능력이 없다는 사실과 타협하지 않으려고 해요. 세상을 자신들의 생각대로 만들어 보려고 온갖 짓을 했지요. 습지를 말리고, 숲도 없애 버렸고요. 사막에 물을 대고, 산에 구멍을 뚫었지요. 하늘까지 닿는 탑을 건설했고요.

그중 어떤 것, 가령 습지를 말린 일 같은 것은 높이 평가하고 있어요. 습지가 있을 때는 제기랄 모기들이 우리를 엄청 물어뜯었거든요. 다른 것들은 우리에게 그리 좋지 않았어요. 숲과 사막이 사라지면서 우리는 고향을 잃어버렸으니까요. 우리 집고양이들 중 몇몇은 정말로 고향으로 돌아가서 선조들의 단순한 삶을 본받으려고 했는데 수포로 돌아갔어요. 어떻게 그런 일이……. 우리에게도 약간의 향수병이 있거든요.

어쨌든 인간은 정말로 애를 썼어요. 모든 것이 단번에 이루어지지 않아도 포기하지 않았지요. 인간의 고집은 정말 알아줘야 해요. 하지만 그러는 동안에 인간들은 자신들의 고통에 아주 익숙해진 것 같고, 고통으로부터 해방돼 어떻게 하면 쾌락을 느낄 수 있는지 더 이상 알지 못하는 것 같아요. 어쨌든 인간들은 스스로 해결할 수밖에 없어요! 우리는 도움을 줄 수 있지만, 인간들이 도대체 받아들여야 말이지요.

하지만 이런 질문은 던질 수 있을 거예요.

'세계를 변화시키려는 노력을 통해 인간의 삶은 더 나아졌을까? 즐거움은 커지고 괴로움은 줄어들었을까?'

물론 나는 세계를 변화시키고자 하는 인간의 그 쉼 없는 노력을 찬양하고 칭찬해요. 특히 우리가 부족함 없이 먹게 되었다는 것은 대단한 일이라고 생각해요. 충분한 생선과 닭고기뿐 아니라, 비타민, 미네랄, 식이 섬유는 우리가 늙어도 질병과 고통에서 자유로울 수 있도록 해 주지요. 인간들에게 정말 고마워요!

그 모든 것은 정말로 유쾌하고 좋은 일이에요. 지적인 존재인 우리의 품위와 권리를 인정해 주면서 했다면 우리는 더 기뻤을 거예요. 또한 이제 더 이상 털가죽 때문에 혹은 순전히 재미를 위해 우리를 사냥하는 일이 없어서 다행이에요. 종교적인 이유에서도 더 이상 우리를 박해하지 않지요.

하지만 그로써 세상 자체가 바뀐 것은 아니에요. 세상에 대한 시각만 바뀐 것이지요. 우리 고양이들은 인간들이 우리를 신으로 취급하건 마귀로 취급하건, 우리를 좋아하건 싫어하건, 우리에게 먹이를 주건 안 주건 간에 늘 변함없는 상태로 있었어요.

쾌락에 얽매이지 않는 초연함이 필요해요

인간이 세계를 변화시키고자 노력한 이후 삶은 더 좋아졌나요? 우리 고양이들은 그것을 의심하고 싶지 않아요. 하지만 그럼에도 불구하고 실존적인 문제들은 건강과 복지만으로는 대답할 수 없다는 생각이 들어요.

왜, 무엇을 위해 내가 여기 있는 것일까요? 도대체 무엇 때문에요? 누군가에게 삶의 이유는 완전히 다른 것일 수도 있을까요? 다시 말해, 나는 언제 어디에서 어떻게 삶의 의미를 발견할 수 있을까요? 삶 자체가 중요하지, 삶의 결과가 중요하지 않다는 생각을 해보면 어떨까요? 따라서 삶은 순수하게 존재하는 것 외에 아무런 의미도, 심오한 중요성도 없는 것이라면요? 최소한 외부로부터 우리에게 부과되는(강요되는) 그 어떤 의미도 없는 것이라면요? 그렇다면 영적인 고요와 평온함과 흔들리지 않음이, 이성적인 존재가 생에서 도달할 수 있는 지고의 목표라고 했던 루크라츠(로마 시인 루크레티우스 카루스의 패러디─옮긴이) 말이 맞을 거예요. 쾌락에도 고통에도 끄떡없는 초연한 삶을 사는 것 말이에요.

'초연함', 루크라츠에게 그것은 불평이나 탄식 없이 허락하고 내

버려 두는 것, 다른 이나 자신의 흥분 및 충동에 휘둘리지 않는 것, 진귀한 송어를 보고도 절제된 걸음으로 다가가는 것, 소파 위의 평화로운 잠과 배를 쓰다듬어 주는 손길을 소중히 여기는 것 등을 의미해요. 쾌락을 상으로 혹은 고통을 벌로 이해하지 않고 이 모두를 삶의 피할 수 없는 요소로 이해하는 것을 의미하지요.

그러나 그런 삶을 영위하며 중요한 것과 중요하지 않은 것을 신중히 검토하고자 하면, 세계를 변화시키기 전에 일단 세계를 이해해야 한다는 인식에 도달하게 돼요. 카츠 마르크스(독일의 사회주의 경제 철학자 카를 마르크스의 패러디—옮긴이)의 말을 빌리자면 '인간들은 지금까지 세계를 변화시키려고 했으나, 인간에게는 세계를 이해하는 것이 더 중요한 것 같다'는 것이지요. 카츠 마르크스처럼 의심을 품고 보았던 한 인간은 자신의 명제를 정확히 반대로 정리했어요. 지금까지 세계를 이해하려고 했지만, 세계를 변화시키는 것이 더 중요한 것 같다고……. 인간들은 그래요. 그게 바로 인간들이지요.

물론 당신은 이런 태도를 우리가 가련하고 작고 약한 존재라서 세계를 변화시키려 해 봤자 할 수도 없으니까 이렇게 형이상학적인 과장을 늘어놓는 것이라고 생각할 수도 있어요. '불가피한 것에의 순응'이라고 말이에요. 우리는 오히려 '부득이한 것에의 통찰'이라고 하겠지만요. 그러나 당신과 논쟁하고 싶지는 않아요. 어쨌든 우리가 스스로의 생활 형편에 맞추고, 그로부터 최선을 끌어낸다는 데에는 이견이 없겠지요.

따라서 어느 이웃이 자신의 정원에 나를 들여놓기 싫어하면, 난 다른 정원으로 가요. 그리고 이해할 수 없게도 그 집에서조차 고양이를 싫어하면, 나는 그냥 내 집에 머물러 고등어와 닭을 맛있게 먹고, 푹신하고 따뜻한 소파에서 잠을 자지요.

고양이로 살아갈 때, 유감스럽지만 고양이에게 호의를 가지고 있지 않은 인간이 있다는 사실을 늘 명심해야 해요. 그들과 갈등이 생기면(나는 결코 이기지 못해요), 나는 날 좋아하는 곳에 머물러요.

세상을 이해하고 나면, 세상을 변화시키기 위해 어떤 대가를 지불할지 정확히 생각할 수 있을 거예요. 이미 말했듯이 우리 고양이들은 그에 대해 명확하고 분명한 의견을 가지고 있어요. 우리는 우리가 할 수 있는 것만 하는데, 이미 고백한 대로 할 수 있는 게 정말로 적지요.

우리는 쥐도 잡을 수 있고, 때로는 새도 잡을 수 있어요. 하지만 우리는 강의 물길을 돌릴 수 없고, 바다를 막을 수 없고, 불을 노예로 만들 수 없고, 별을 딸 수 없어요. 그래서 절대로 그런 일을 시도하지 않아요. 우리가 가련하고 작고 약한 존재라는 것을 알기 때문이지요.

인간도 그것을 알아야 하지 않을까요? 인간들은 우리보다 더 크고 강할지도 몰라요. 그러니까 더 힘이 셀지도 모르지요. 그러나 자연 앞에서 그것은 무엇을 의미할까요? 인간이 지구의 모서리를 잡고 신을 부인하는 자들을 마구 흔들어 떨어뜨리도록 할 수 있나요? 만약 그럴 수 있다면 고양이에게 적대적인 인간은 엄청 줄어들 거예요. 인간이 일곱 개의 별을 함께 묶고, 오리온 군단을 해체시킬 수 있나요? 인간이 베헤못(《구약 성서》에 나오는 힘이 센 초식 동물—옮긴이)이나 레비아단(《구약 성서》에 나오는 바다 괴물—옮긴이)을 만들고, 그들을 영원히 노예로 만들 수 있나요?

인간은 아직 개도 노예로 만들지 못했어요. 그래서 강아지가 인간을 물기도 하지요. 우리 고양이들과는 절대로 그런 시도를 하지 말아야 할 거예요. 우리는 약하긴 하지만, 스스로를 아주 잘 방어하거든요.

세상을 바꾸겠다는 헛된 꿈을 버리세요

이 모든 것은 인간이 계속해서 아주 커다란 희망을 가지고 있는 것과 관계가 있는 듯싶어요. 위대한 고양이 철학자들이 인간은 '희망 원칙'만을 따른다고 말하는 것도 당연해요. 그 말은 인간이 자신의 행동이 언제나 성공하기를 바란다는 뜻이 아니에요. 인간이 희망을 실현시키기 위해 행동한다는 뜻이지요.

말했다시피 인간에게 희망은 부족하지 않거든요. 그것은 인간이 우리의 세계가 원래 어떤 모습이어야 하는지에 대해 상당히 정확한 표상을 가지고 있기 때문이에요. 그리고 그런 만큼 인간은 세계가 그런 이상적인 표상으로부터 얼마나 멀리 떨어져 있는지 대면해야 하지요.

인간이 파라다이스를 동경하는 것 같다는 게 우리 여럿의 의견이에요. 다른 고양이들은 인간이 자신의 바람에 따라 새로운 파라다이스를 만들려고 한다고 말하지요. 그런데 이상하게도 우리의 의견은 한 번도 물은 적이 없어요. 결국 우리 역시 이 세상에 살고 있고, 그에 대해 함께 야옹거릴 수 있을 텐데 말이에요. 하지만 수천 세대 동안 인간들과 더불어 살아오면서 그들의 행동을 집중적으로 관찰한 후 우리는 어쨌든 인간에 대해 너무 큰 기대는 품지 않고 있어요.

나는 인간들이 우리 고양이들처럼 살고 싶어 한다고 생각해요. 고요하고, 평온하고, 정신의 얽히고설킴으로부터 자유로운 상태로 말이지요. 그러나 그런 소망은 이루어지지 않을 것 같아요. 인간들은 계속해서 마땅치 않아 보이는 것들을 발견해요. 그러고는 이 세상에서 자신들이 대체로 잘 지내고 있다는 사실을 기뻐하는 대신 곧장 전력을 다해 새로이 발견한 마땅치 않은 것에 뛰어들어요. 대부분은 그것이 정말로 진정한 문제인지, 아니면 단지 배에 가스가 차서 땅기는 것인지 깊이 생각하지 않고요.

하지만 우리 고양이들은 세계의 기초를 바꾸지 않고, 카츠 마르크스(독일의 사회주의 경제 철학자 카를 마르크스의 패러디 — 옮긴이)의 모토에 충실하게 세계를 이해하고자 해요. 고양이들은 이 세계가 어떤 심술궂은 방해거리들을 준비하고 있는지를 잘 알아요. 쥐를 향해 뜀뛰기를 했다가 빗나갈 수도 있고, 울타리가 너무 높아서 못 올라갈 수도 있고, 점프를 한 뒤 착지를 하다가 앞발이 부러질 수도 있지요.

　세계를 이해하는 자는 놀라지 않아요. 선에 대해서도 악에 대해서도요. 그냥 있는 그대로예요. 올 것이 와요. 그리고 지금까지 모든 것이 잘돼 왔어요. 더 나빠질 수도 있었는데 말이지요. 설령 가장 나쁜 것으로 귀결된다 해도 우리는 애초부터 그것을 염두에 두고 있었기 때문에 별로 놀라지 않아요. 최악의 일이 일어나기 직전에 방향을 바꾸어 도망칠 수 있지요. 그것은 용기 없는 행동이 아니라, 매우 영리한 행동이에요.

　'희망'이라고요? 그래요. 왜 아니겠어요. 모든 것이 잘되기를 왜 바라지 않겠어요. 하지만 정말로 철두철미하게 그것만을 기대하라고요? 천만에요! 현명한 고양이 철학자 프리드리히 미체(독일의 철학자 프리드리히 니체의 패러디―옮긴이)가 말했듯이 '마차를 피하려다가 차에 치일 위험이 아주 많은 법'이에요.

　정말이에요. 이 세상에는 악이 있어요. 그렇지 않다면 뭐 하러 우리가 매일 악령을 수색하고 다니겠어요. 그리고 악은 부주의함을 용서하지 않아요. 악은 소위 승리의 순간에 우리가 신중함을 잊어버리기를 기대하지요. 운명에 꿀밤을 한 대 먹인 건 좋아요. 하지만 그렇더라도 운명이 아주 긴 호흡을 가지고 있다는 걸, 인간과 강아지, 심지어 일곱 번의 생을 가진 고양이보다 긴 호흡을 가지고 있다는 사실을 늘 명심해야 해요. 그리하여 승리의 순간에도 너무 자랑하거나 환호성을 울리지 말고 절제하라고 말씀드리고 싶네요. 약간의 겸손은 결코 해롭지 않아요.

때론 세상에 대한 경외감이 삶을 유쾌하게 만들지요

이미 감정에 관한 말이 나왔으니 말인데, 당신은 큰 소리로 승리의 함성을 지르는 고양이를 본 적이 있나요? 아니면 깊은 절망에 빠진 고양이는요? 혹은 분노하는 고양이는요? 결코 그런 고양이들을 본 적이 없을 거예요! 그래요. 우리는 공격적일 수 있어요. 그러나 우리의 털가죽이 위험에 처했을 때만 그래요. 그럴 때는 얼른 도망가라고 조언해 드리고 싶네요. 우리가 타촨도(태권도의 패러디─옮긴이) 기술을 활용해 끔찍한 상처를 입힐 수 있거든요. 강아지에게 한 번 물어보세요! 강아지가 그런 공격을 당할 만한 상황이었는지와는 별개로 말이에요.

그렇다고 우리에게 감정이 없다는 이야기는 아니에요. 우리는 배고픔, 목마름, 쾌락, 동경, 신뢰, 기쁨, 혐오를 알고 있어요. 인간들처럼 말이에요. 놀랄 일이 아니지요. 우리의 육체 안에서는 인간들의 육체 안에서와 똑같은 화학 작용이 진행되니까요. 그러니까 당신도 그렇게 자만하면 안 돼요. 결국 당신 역시 몇몇 호르몬과 신경 전달 물질로 조절되잖아요.

그러나 그 사실이 감정을 결코 작게 만들거나 중요하지 않게 만들지는 않아요. 반대예요. 우리, 즉 당신과 내가 감정을 느낄 수 있다는 것이 비로소 우리를 이성적인 존재로 만들어 줘요. 합리적이고 계산적인 오성(이해력, 사고력)이 한 발 한 발 감정과 함께할 때만이 우리는 세계를 이해하고, 세계의 아름다움을 기뻐할 수 있지요.

그리고 위대한 고양이 시인 마오발리스(독일의 시인 노발리스의 패러디―옮긴이)가 말했듯이 우리는 무한히 창조적인 우주의 음악을 듣고자 해요. 다시 말해, 세상의 진정한 모습을 깨닫고자 한다면 자신의 감정을 활용해야 한다는 거예요. 이 세상의 무한한 아름다움에 경탄하고 놀라는 것, 창조 앞에서 경외감을 갖고 절제하는 것은 모두에게 좋아요.

우리 고양이처럼 겸손과 겸양으로 이 세계의 압도적인 경이를 바라보는 자는, 결과를 책임지기는커녕 어떤 결과가 나올지 예측도 할 수 없는 교만한 행동에 마음을 빼앗기지 않아요. 우리가 아주 오래전부터 세계를 인식하고 이해하기 위해 많은 노력을 기울였을지라도, 우리는 스스로가 아직 얼마나 무지하며 얼마나 많은 것을 절대로 알 수 없을지를 잘 알아요. 그러나 우리는 그런 비밀들을 또한 신비하게 내버려 두는 것을 배웠어요. 비와 눈과 구름과 바람과 꽃과 나무, 심지어 쥐들과 강아지들을 말이에요.

물론 감정은 원래가 약간 은밀한 것이고 자기 자신에게만 속하는 것이지요. 카츠만 폰 카터스레벤의 유명한 노래 가사는 이래요.

'감정은 자유로워. 아무도 알아맞힐 수 없어. 난 내가 내키는 대로 느껴. 내가 행복한 대로 느껴……. 그러나 모든 것은 은밀하게 이루어지지…….'

그래요. 우리 고양이들도 감정을 그렇게 취급해요.

하지만 우리는 동시에 다른 존재들에게도 영혼의 고요와 평온을 누릴 권리가 있음을 인정해요. 요동치지 않는 것, 그것이 고양이에게 어울리는 삶이에요. 당신이 인간으로서 이 세상의 뭔가를 꼭 바꾸고 싶다면 우선 자기 자신부터 바꾸세요. 고요함 속의 즐거움을 발견하세요. 그러면 삶이 더 유쾌해질 뿐 아니라, 당신 주변 존재들의 삶도 더 유쾌해질 거예요. 무엇보다 고양이들의 일곱 번의 생이 엄청 유쾌해질 거예요.

6장 애교쟁이 고양이, 루푸스

자신이 진심으로 원하는 것을 인정하고 표현하세요

자신이 진심으로 원하는 것을
인정하고 표현하세요

분노는 삶을 어리석게 만들어요

이제 죄악에 대해 이야기하려 해요. 앞에서 이야기한 우리 고양이들의 식탐에 대한 것은 아니에요. 성욕에 대한 것도 아니고요. 우리의 덕목에 대해 앞에서 이야기했지만 솔직히 우리에게도 어두운 면이 있어요. 하지만 우리의 평판에 해를 끼친 것은 소위 인간의 '도덕'일 따름이에요. 우린 그것을 잘 알고 있고, 그에 대해 필요 이상으로 흥분하지 않아요. '분노'는 죄가 되니까요. 아주 커다란 죄지요. 쾌락과 고통 사이에서 어렵게 이룬 균형을 동요하게 만드니까요.

한번 동요하면 한순간에 무너져요. 분노했다가 행복한 상태로 되돌아가기는 너무 힘들어요. 따라서 고양이들은 이렇게 말해요.

'분노를 피하라. 일은 분노한다고 해서 발톱만큼도 변하지 않는다. 너희들 자신만 불행해지고, 너희들 평화만 깨진다.'

어쨌든 우리 고양이들은 분노와는 아무 상관이 없어요. 물론 인간들이 우리 마음에 들지 않는 걸 강요하면 언짢을 수는 있어요. 그것이 우리의 자유 의지에 맞지 않기 때문이지요. 그래서 우리가 원하는 것과 원하지 않는 것을 명확하게 표현해요.

증명되지 않은 가설을 함부로 남발하고 싶지는 않지만, 어쨌든 은혜로운 자연은 날카로운 발톱과 뾰족한 이빨로 우리를 무장시켰어요. 아주 영리한 생각이었지요. 이런 도구들은 아주 여러 가지로 유익하니까요. 하지만 고양이들은 결코 거칠고 사납게 행동하지 않아요. 그것은 정말이지 이성적이지 않고 어리석은 일이니까요.

이와 관련해 폴란드의 어느 수고양이는 아주 적절한 말을 했어요. '현자가 분노하면 지혜를 잃는다.'

현자에게 지혜가 없으면 어떻게 될까요? 뻔하지요. 지각력도 이성도 없이 이 불행에서 저 불행으로 비틀비틀 다니며, 모든 것을 바라지만 모든 것에 실패하는 여느 인간들처럼 멍청이가 되지요.

그래요. 원하는 것, 누릴 권리가 있는 무언가를 얻지 못할 때 화가 나는 것은 당연해요. 그 때문에 분노하거나 노여워한다고요? 안 돼요! 중국의 위대한 고양이 철학자 공자가 언젠가 야옹거렸듯이, 작은 화를 참지 못하는 자는 커다란 계획을 그르치게 되거든요. 그 계획이 고통과 괴로움 없이 쾌적한 삶을 영위하는 것뿐이라고 해도 말이에요.

분노하면 혈압이 급격히 치솟는다는 것을 모르시나요? 콜레스테롤 수치도? 심근 경색 위험도? 당신이 아드레날린을 제멋대로 두었기 때문에 그 모든 위험을 감수할 건가요? 당신은 대체 자유 의지라는 게 있기는 한가요?

부신 피질이 뇌를 지배한다면 고양이로서 쥐구멍에 들어갈 만큼 부끄러워해야 할 거예요. 부신 피질이라는 말이 벌써 다 말해 주고 있잖아요. '부신 피질', 그것은 말 그대로 부수적이고, 일시적이며, 별로 중요하지 않은 기관의 표면층일 뿐이에요. 그것에 계속 영향을 받으실 건가요? 제발요!

흥분하는 건 해로워요. 그래서 이제 나는 더 이상 흥분하지 않고, 죄에 대해 몇 마디 야옹하려고 해요. 우리는 고양이들의 어두운 면에 대해 말하고 있었잖아요. 인간들은 일곱 가지 대죄(성욕, 식욕, 탐욕, 나태, 질투, 분노, 오만)를 이야기하면서 정확히는 우리가 그중 두 가지 죄를 짓고 있다고 비난을 해요. 바로 성욕과 식욕 말이에요. 하지만 난 그것들에 대해서는 이미 의견을 밝혔어요. 그러므로 다른 것으로 넘어가도록 하지요.

분노 역시 이런 대죄에 속해요. 하지만 이미 말했듯이 고양이들은 분노에 휩쓸리지 않아요. 그러고 나면 네 가지 대죄가 남아요. 오만, 탐욕, 질투, 그리고 마지막으로 가장 나쁜 죄인 마음(또는 이 말이 더 낫다면 정신)의 나태가 그것이지요.

그렇다면 우리 고양이들이 오만할까요? 솔직히 말하지요. 그래요. 간혹 우리 중 하나가 이런 달콤한 유혹에 굴복해요. 그래서 꼬리를 곧추세우고는 최고급 닭 가슴살이 담긴 접시로부터 몸을 돌리지요. 사랑스럽게 꾸며진 수면 바구니에 몸을 누이는 걸 거부해요. 부드러운 캐시미어 이불이 깔려 있어도 소용없어요. 등을 불룩하게 세우고 커다랗게 식식거리며, 배를 쓰다듬는 손길조차 거부해요. 아주 사랑스러운 손길이었는데도 말이에요.

나는 이런 경우들을 알고 있고 그런 행동을 변명하고 싶지 않아요. 하지만 옳든 옳지 않든, 자신의 언짢은 기분을 표현할 수는 있는 거잖아요. 우리 중 대부분이 그런 상황에서 하듯, 슬며시 그 공간을 떠나는 걸로 말이에요.

이해를 돕기 위해 말하자면, 의심스러운 경우 모든 고양이는 자신에게 무엇이 필요한지를 인간보다 더 잘 알아요. 뿐만 아니라 세계의 조화와 질서를 유지하기 위해 필요한 것이 무엇인지 역시 더 잘 안답니다. 그리고 자신이 그것을 알고 있다는 것을 알고 있어요. 그러니 우리 중 몇몇이 오만이라는 악덕에 빠지는 것이 이해가 가지 않나요? 변명할 말은 없지만 이해할 만한 거예요. 우리의 밤 미팅에서도 때때로 그것이 문제가 돼요. 그러니 또다시 조금 시끄러워져도 놀라지 마세요.

탐욕과 질투, 나태에서 자유로워지세요

자, 그럼 다음 대죄들인 탐욕, 즉 인색과 질투로 넘어가 봐요. 다음

이야기를 한 건 영리한 고양이, 아마 테오도어 카초르노(독일의 사회 철학자 테오도어 아도르노의 패러디—옮긴이)였나 싶은데, 확신이 서지 않네요. 아무튼 그는 인색한 것은 보수적인 것이고, 질투는 혁명적인 것이라고 말했어요. 인색한 것은 가진 것을 계속 지니고 있으려는 것이고, 질투는 아직 가지지 않은 것을 갖고자 하는 것이니까요.

어쨌든 우리 고양이들은 인색이나 질투와는 아무런 상관이 없어요. 고양이는 결코 다른 고양이 접시에 있는 먹이를 낚아채지 않아요. 간혹 실수로, 잘못 보고 그랬다 해도 커다란 다툼으로 이어지지는 않아요. 흥분은 정말로 해롭다는 것을 아니까요.

아직 하나의 죄가 남았네요. 마음과 정신의 나태 말이에요. 그래요. 하루에 열여섯 시간을 잠으로 보내는 우리에겐 아주 복잡한 사안이지요. 그러나 첫째, 여기서는 육체의 게으름을 말하는 것이 아니에요. 둘째, 잠을 자는 것은 애초에 아무것도 하지 않는다는 의미가 아니랍니다.

정신에 관한 한 우리는 굉장히 재기 발랄해요. 나는 이마누엘 카츠(독일의 철학자 칸트의 패러디—옮긴이)가 그의 《실천 고양이 철학》에서 했던 말을 이야기하고 싶어요.

'자연은 또한 여러 주체에게 지속적인 노동을 혐오하는 본능을 심어 주었는데, 이 본능은 이들뿐 아니라, 다른 이들에게도 유익했다. 이런 본능을 가진 자들은 힘을 쓰는 걸 견디지 못하거나 힘을 계속 발휘하지를 못하고 얼마 안 가 휴식을 통한 회복을 필요로 했다.'

이는 좀 어려운 말이기는 하지만 어쨌든 고양이 철학자들은 이렇게 야옹거렸어요. 여기서 이마누엘 칸트가 말하고자 한 것은 선천적인 게으름은 우리가 지치지 않도록 해 주는 일종의 보호책이라는 거예요. 따라서 목표를 이루기 위해 되도록 필요한 만큼의 수단만을 투입해야 한다는 것이지요. 이때 중요한 것은 이성이나 도덕이 아닌 '본능'이라는 '타고난' 특성이에요. 이 본능은 우리 고양이뿐 아니라 모든 이성적인 존재에 있는 것이지요. 그렇게 볼 때 인간들이 그들의 본능을 거슬러 가며 온갖 노력을 하는 것은 놀라운 일이에요.

고양이의 비행에는 그럴 만한 이유가 있어요

인간들이 우리에 대해 뭐라고 비난하든 우리는 인간들보다 훨씬 더 적은 죄를 지어요. 관대히 봐줄 만하고 용서할 만하고 별로 후유증이 많지 않은 죄를 짓지요. 최소한 아직까지 우리 때문에 전쟁이 일어난 일은 없어요. 날아다니는 깡통이 높은 집으로 날아간 적도 없고, 우리로 인해 인간들이 괴로움을 당하거나 죽음을 당한 적도 없어요.

그러나 이미 말했듯이 우리 역시 어두운 면을 갖고 있어요. 물론 이런 어두운 면들이 우리의 순수하고 빛나는 면들을 더욱더 밝게 빛내는 거라고 변론할 수 있지요. 실제로 우리 고양이들은 정말로 열심히 수천 세대 전부터 주어진 저 고집스럽고 그 무엇에도 요동치지 않는 감각으로 스스로를 아주 깨끗이 닦고 있으니까요.

우리 고양이 중 하나가 얼마나 세련된 동작과 복합적인 시스템으로 배와 발을 핥아 대는지 한번 관찰해 보세요. 미적지근한 혀로 여러 부분을 한 번, 다시 한 번, 위아래로, 그리고 다시 처음으로 돌아가, 이번에는 오른쪽에서 왼쪽으로, 또는 아래에서 위로. 꼬리와 배의 마지막 털 하나도 빼놓지 않지요. 그렇게 하다가 목이 부러지지 않는 게 놀라울 따름이에요.

그래요. 우리의 밝은 부분들이 몇 안 되는 어두운 부분들과 구별이 잘 가도록 우리 몸을 깨끗이 하기 위해 우리는 그 모든 것과 더 많은 것을 해요. 우리가 그렇게 할 때는 적절한 먹을거리를 제공하고 몸을 닦는 데 충분한 시간을 허락하면서 우리를 도와주세요.

이 이야기는 이 정도로 하지요. 이런 변론이 특별히 설득력 있게 다가오지 않는다는 것을 기꺼이 인정하겠어요. 수천만 마리의 고양이 가운데 좀처럼 참아 줄 수 없는 굉장히 불쾌하고 때로는 혐오스러운 습관을 가진 고양이가 몇몇 있어요. 구석이나 벽에 오줌을 갈기고, 하필 나무나 가죽을 긁어 대고, 양탄자에 똥(이런 표현을 양해해 주세요)을 싸고, 털 뭉치를 토하고, 모두 쿨쿨 잠든 밤에 목청 높여 울고 그러는 고양이들 말이에요.

정말 끔찍하고, 못 배워 먹은, 용서할 수 없는 일들이에요. 그러나 어쨌든 우리는 재채기를 하거나 트림을 하거나 방귀를 뀌거나 하지는 않아요. 강아지와는 다르지요. 그렇지 않나요? 만약 주변에서 어떤 고양이가 내 말과는 다른 행동을 한다면, 당장 믿을 만한 동물 병원에 가 보셔야 할 거예요. 물론 문제가 되는 고양이를 데리고 말이에요.

어쨌든 앞에서 말한 고양이의 비행들을 잘했다고는 할 수 없어요. 하지만 고양이들의 파렴치한 행동에 열이 받았다 해도 마구 꾸짖어서는 별로 도움이 안 될 거예요. 오히려 힘들더라도 분과 화를 속으로 삭이고, 이런 망할 놈의 고양이가 무엇 때문에 이런 달갑지 않은 일들을 하는지 침착하게 자문해 보세요.

악한 행동을 하는 인간들에게서도 우선은 행동의 동기가 무엇인지 알아보는 게 중요하잖아요. 우리 고양이들도 마찬가지예요. 아마도 그 악한 고양이들은 불행한 유년 시절을 보냈을 거예요. 우리의 양육에서 아버지는 아무런 역할도 못해요. 생물학적 의무를 완수한 뒤로는 코빼기도 보이지 않지요. 그래서 우리는 '오이디푸스 콤플렉스'로 괴로워할 필요가 없어요. 대신 우리는 철저히 모계 제도의 산물이지요.

하여간 삶에서 모든 것을 가질 수는 없어요. 인간과 오랫동안 함께 기거한 후 이런저런 고양이들이 자신들의 불만족을 노골적으로 표현하게 된 것도 다 그 때문이지요. 당신이 그렇게도 혐오스러워하는 고양이들의 고약한 행동도 복합적이고 세련된 의사소통의 일부일 뿐이에요. 만일 당신의 고양이가 구석에 오줌을 갈긴다면 그걸 통해 당신에게 뭔가를 말하려 하는 거예요. 정말이에요.

따라서 문제는 오히려 당신 쪽에 있어요. 당신이 그것이 뭘 의미하는지 알아채지 못한다는 점이 문제예요. 약간만 노력을 기울여 보세요. 그러면 고양이가 당신에게 말하려는 것이 무엇인지 금방 이해하게 될 거예요. 고양이는 단지 간절히 정원으로 나가고 싶을 뿐인지도 몰라요. 또는 당신이 소위 위생을 이유로 치워 버린 낡은 이불을 원하는지도, 아니면 오래전 감정들을 회상하고 있는 것인지도 모르지요.

당신에겐 고양이의 이런 의사소통 방식이 몹시 불쾌하게 여겨질 거예요. 자연은 우리에게 필요에 따라 지독한 냄새를 남길 수 있는 능력을 선물해 주었어요. 이런 냄새들이 가능하면 오래 남아 있어서, 가능하면 많은 고양이가 메시지를 감지하고, 읽고 해석할 수 있도록 말이에요.

우리의 오줌이 자외선 밑에서 형광색으로 빛나는 것에는 별 특별한 의미가 없어요. 우리가 누리는 작은 사치지요. 우리 자신은 형광색을 도무지 감지할 수 없답니다. 대신 칼슘과 마그네슘과 칼륨과 인과 기타 등등 더 열거하면 당신이 지루해질 염려가 있는 다른 물질들의 조합은 잘 감지하지요(레몬산이 결정적인 역할을 한다는 사실만 더 언급해야겠네요). 그렇게 우리는 극도로 복잡한 메시지를 남길 수 있어요. 인간이 만들어 낸 최신 기기로도 거의 해독이 불가능할 정도로 복잡한 정보지요.

우리의 냄새가 당신에게 유쾌하게 느껴지지 않는 것은 취향의 문제일 뿐이에요. 그리고 당신이 좀 더 종교적인 인간이라면 이렇게 말할게요. 하느님이 언젠가 구석에다 오줌을 쌌다고 우리를 심판하고 벌을 내릴지는 기다려 봐야 한다고요. 고양이《요한 계시록》은 이와 관련해 아무런 언급도 하고 있지 않거든요.

상대방의 감정을 배려할 줄 알아야 해요

간단하게 정리해 보자면, 우리 고양이들은 평소에 우리가 불가피하게 자연으로 돌려줘야 하는 것을 아주 세심하게 취급해요. 이런 화제를 도마 위에 올리기를 좋아하는 이는 아무도 없을 테지만, 사실 이 부분은 생성과 소멸의 그 위대한 자연의 흐름 중 무시할 수 없는 부분이에요. 우리 중 아무도 피해 갈 수 없는 부분이지요. 인간들은 그에 대해 침묵할지도 몰라요. 하나뿐인 생의 덧없음을 떠올리고 싶지 않을 테니까요.

나는 예의상 지나치게 세세한 부분까지는 들어가고 싶지 않아요. 하지만 고양이는 결코 강아지처럼 배설물을 그렇게 염치없이 길이나 정원에 떡하니 남겨 놓지 않는다는 점을 말하고 싶어요. 당신은 이런 파렴치한 행동에 대한 책임이 강아지가 아니라 오히려 그를 동반한 인간에게 있다고 이의를 제기할지도 모르겠네요. 어쨌든 우리가 사는 도시의 거리들은 정말 유감스럽게도 '똥길'이 돼 버렸어요. 정말 혐오스러워서 다닐 수가 없어요!

반면 고양이는 얼마나 사려 깊은지 몰라요. 집에 있는 경우 고양이는 어떤 상황에서도 아주 단정하게 카초레테(화장실을 뜻하는 독일어 토일레테의 패러디-옮긴이)를 이용할 뿐 아니라, 뜰이나 정원에서도 세심하게 흙으로 덮어서 보이거나 냄새가 나지 않도록 해요. 그렇지 않으면 스스로 찝찝해서 견딜 수가 없거든요. 우리 고양이들은 그래요. 끊임없이 다른 존재들이 어떻게 느낄까를 생각하고 배려하지요.

물론 당신도 그렇게 주장하겠지만, 이 모든 것은 우리 고양이들이 작고 연약하고 가련한 동물이라, 다른 존재들과의 갈등을 감당할 수 없기 때문이에요.

난 커다란 개나 다 자란 곰과 맞짱 뜬 고양이들도 알고 있어요. 하지만 기본적으로는 당신 말이 옳아요. 살아남기 위해 배려를 하는 것이지요. 우리는 아주 총명하기 때문에 그것이 그리 어렵지는 않아요. 우리는 인간의 분노와 두려움, 질병까지도 느낄 수 있지요. 로드아일랜드의 아름다운 도시 프로비던스의 유명한 수고양이 오스카(임종을 맞을 환자를 정확히 감지하고 그 환자를 찾아가 임종을 지켜준다는 고양이-옮긴이)가 인상 깊게 증명했듯이 죽음까지도 예감할 수 있어요. 이처럼 우리는 정말로 예민하답니다.

어쨌든 다른 존재들의 바람과 의도를 고려해 행동하는 것은 굉장히 유익한 거예요. 개, 쥐, 인간과 같은 각각의 존재가 어떤 것을 어떻게 느끼는가는 내게 객관적인 의미를 가져요. 나는 쥐를 먹기 전 쥐와 더불어 그들의 두려움에 대해 토론할 마음도 시간도 없거든요. 마찬가지로 도저히 이해할 수 없는 이유에서 나를 노획물로 여기는 개에게도 나의 애절한 야옹거림은 별로 와 닿지 않을 거예요. 그때는 의도적으로 코를 한 대 쳐 주는 것만이 도움이 되지요. 물론 연마된 발톱으로 순식간에 정확하게 한 대 먹여야 해요. 정말이에요. 셰퍼드와 불도그가 아파서 우는 것을 보았다니까요. 그건 아주 보기 좋은 광경이었어요.

내가 배려받고 싶은 만큼 상대를 배려하세요

좋아요. 다른 존재들의 감정을 배려하는 것이 도덕보다는 오히려 우리의 이익과 관련이 있다는 것을 인정해요. 하지만 우리는 그저 고양이일 따름이고, 미체 테레사(인도에서 활동한 사회봉사 활동가 마더 테레사의 패러디-옮긴이)는 아니거든요. 우리는 완벽해요. 그러나 무모하지는 않아요. 이렇게 야옹거리고 싶어요.
 '그래, 네 이웃을 사랑하렴. 하지만 너 자신처럼 사랑하렴……'
 자신의 바람과 관심, 자신의 욕구와 즐거움을 알지 못하고, 무엇보다 그것들이 자신에게 어떤 가치가 있는지 알지 못한다면, 다른 인간에 대해 뭘 알 수 있겠어요? 카도 바울(기독교 최초로 이방인에게 복음을 전한 전도자 사도 바울의 패러디-옮긴이)은 그 유명한 〈카타디아서〉(사도 바울의 시대 서한의 하나인 〈갈라디아서〉의 패러디-옮긴이) 5장 냄새 번호 15에서 '서로 물고 뜯으면 피차 멸망하게 되니 조심하라'고 했어요. 그것을 원하는 이는 아무도 없을 거예요! 따라서 우리 고양이들의 말로 바꾸면 이렇게 돼요.

'배려받기 원하는 만큼 배려하라.'

우리 고양이들은 이를 잘 지켜요. 신중하고 사려 깊게 상대에게 다가가고, 상대가 말하고자 하는 것을 잘 듣고, 보고, 냄새 맡고, 언제나 공손하고 겸손하게 해요. 자신의 의도를 내보이기 전에 상대의 의도를 일단 정확히 점검해요. 그것은 불신이나 의심, 또는 상대가 우리에게 악을 행하고자 하는 게 아닐까 하는 두려움 때문이 아니에요. 더 나은 것에 대해 기뻐하기 전에, 언제나 최악의 것을 각오하는, 고양이들의 일반적인 신중함일 따름이에요.

우리 고양이들은 또한 상대를 자기 자신처럼 사랑해야 하지만, 그 상대가 우리와 똑같이 생각하고 느끼고 행동한다고 생각해서는 안 된다는 점을 잘 알아요. 만약 그렇게 똑같이 생각하고 느끼고 행동한다면 그것은 기적일 거예요. 이 세상에서는 절대로 그런 것을 기대할 수 없어요. 사족이지만, 무언가 기대할 수 있는 일이라면 그것은 더 이상 '기적'이 아닐 거예요. 그리고 그것에 대해 진심으로 놀랄 수 없을 거예요. 기적이 정말로 기적이 되려면 천둥처럼 들이닥쳐야 하거든요.

무엇을 아름답고, 진실하고, 선하다고 생각하는지는 각자 달라요. 어떤 이는 참치를 그렇게 생각하고, 어떤 이는 연어를 그렇게 생각해요. 어떤 이는 붉은 고양이를, 어떤 이는 검은 고양이를 그렇게 생각하고, 어떤 이는 배를 쓰다듬어 주는 걸 원하고, 어떤 이는 등을 쓰다듬어 주는 걸 좋아해요. 어떤 고양이는 밤에 싸돌아다니고, 어떤 고양이는 난로 옆에서 쿨쿨 잠을 자지요. 그중 무엇이 가장 올바른 것이라고 말할 건가요? 아니 말할 수 있나요?

　하여튼 나는 감히 다른 이들이 원하는 걸 판단할 수 없어요. 그들이 나를 방해하지 않기를 바랄 뿐이에요. 그러나 그것은 내가 그런 바람들을 좋아하거나, 적절하게 생각하거나, 가치 있게 생각해서가 아니에요. 결코 그렇지 않아요! 교육을 받은 수고양이로서 나는 나 자신의 소망과 기준과 가치가 무엇인지만을 이야기할 수 있어요. 그리고 그런 기준에 맞추어 살아갈 수 있어요. 말장난 같지만, 달리 어떤 기준으로 살아가겠어요?

　따라서 다른 이들의 소망을 속속들이 알지 못한다면, 동시에 다른 이들도 자신의 소망을 속속들이 모른다는 것을 생각해야 해요. 다른 이들을 자신보다 더 영리하게 여길 필요도 없지만, 그렇다고 더 멍청하게 생각해서도 안 돼요.

　우리 고양이들은 일단 다른 존재들도 우리와 마찬가지로 이성적이라는 생각에서 출발해요. 물론 이런 생각을 재빨리 현실에 맞추어야 할 때도 있어요. 가령 강아지를 만날 때처럼요. 처음에 나는 강아지가 꼬리를 흔드는 것에 무슨 심오한 의미가 있는 줄 알았어요. 하지만 곧 그렇지 않다는 걸 깨달았지요. 우리 고양이들이 꼬리를 흔들면서 생각을 하고, 꼬리의 위치로 우리의 현재 상태가 어떤지 정확한 신호를 보내는 반면, 강아지가 꼬리를 흔드는 건 그저 맥락 없는 행동인 것 같거든요. 강아지들의 모든 감정적 에너지는 곧장 격렬하게 꼬리를 흔드는 것으로 옮겨 가요. 그들이 꼬리 치는 걸 보면 어쩔 수 없이 프로펠러가 연상되고, 엉덩이 쪽부터 시작해서 강아지가 공중으로 붕 뜰 것 같은 느낌이 들어요.

　인간들이 왜 이런 무궁무진해 보이는 에너지로 비행기를 추진할 생각을 하지 못했는지 이해가 안 될 정도예요. 그러면 최소한 비행기가 내는 악취와 소음은 좀 줄어들 텐데. 정말 자랑할 만한 엄청난 업적을 이룰 텐데 말이에요.

배려받고 싶다면 내 의사를 정확히 전달하세요

우리가 아까 무슨 이야기를 하다 말았지요? 아, 그래요. 의사소통에 관해서였지요. 내가 상대방을 잘 모르는 것처럼 상대방 역시 나를 잘 모른다는 점을 생각해야 한다는 것…….

　교양 있는 고양이는 그로부터 어떤 결론을 내릴까요? 다른 이들에게 더 관심을 가져야 한다는 것? 상대방의 입장에서 생각해 보아야 한다는 것? 그래요. 맞는 말이에요. 상대방에 대한 정보를 가지고 있는 것은 많은 도움이 되지요.

　그러나 그것만으로는 내 소망을 이룰 수 없어요. 따라서 아무리 둔감하고 미련한 상대방이라도 내가 무엇을 원하는지를 파악할 수 있도록 우리 고양이들은 또 다른 전략을 활용해요. 즉 우리 상태가 어떤지를 아주 명확하게 표명하는 것이지요.

　먹이든, 산책이든, 쓰다듬는 손길이든 우리는 뭔가를 원하면 야옹거려요. 당신은 고양이들이 얼마나 집요하게 자기에게 주목하게 만드는지 이미 눈치챘을 거예요. 해가 뜨기도 전에 배고픈 고양이가 시끄럽게 야옹거리는 바람에 잠에서 깬 적이 아직 한 번도 없었나요? 스킨십 시간이 돌아왔다고 정열적으로 다리 주변을 문질러 대는 고양이에 걸려 넘어진 적이 아직 한 번도 없었나요? 아아, 당신은 고양이랑 함께 산 적이 없다고요? 그렇다면 정말 안됐네요. 삶에서 경험할 수 있는 최상의 것을 놓치신 거예요.

우리 고양이들은 이렇듯 명확한 의사소통 방식 때문에 인간들에게 호되게 욕을 먹곤 해요. 우리가 주저하지 않고 우리의 욕구를 표현할 때, 인간들은 우리더러 '성가시다', 심지어는 '철면피다'라고 해요. 그것은 엄청난 비난이에요. 철면피라뇨! 이 말은 우리 고양이들이 이 세상의 이성적인 존재들이 공통으로 가지고 있는 가치와 규범을 의식적이고 의도적으로 어긴다는 의미예요.

철면피는 부끄러운 줄을 모르는 것인데, 부끄러움은 스스로 잘못된 행위나 비도덕적 행위를 했다는 것을, 즉 죄를 지었다는 것을 확인해야 할 때, 자신의 부족함을 고백해야 할 때, 다른 모두가 성공하는 동안 자신은 실패할 때, 예의에 어긋나고 명예가 손상되었을 때 느끼는 거예요. 그리고 부끄러워해야 마땅한 마당에 전혀 부끄러워하지 않는다면 그것은 죄 중의 죄가 돼요. 자신의 행동이 창피한 거라는 사실을 알지 못하는 점, 인간들은 우리의 바로 그런 점을 비난하는 것이지요.

따라서 우리가 마땅히 다른 이들 그리고 그들의 감정을 더 생각해야 하는데 우리 생각만 한다고 힐난을 해요. 무지하거나 미련해서가 아니라, 순전히 이기심에서, 즉 알면서도 다른 이들이야 고통을 당하건 말건 우리 자신의 즐거움이 중요하기 때문에 그런다고 말이에요.

내가 지금 무엇을 원하는지, 인정하고 표현하세요

굉장히 심한 비난이에요. 그 말이 사실이라면, 우리 고양이들은 자기 자신을 교양 있고 이성적인 존재로 여길 권리를 단번에 잃게 되지요. 그래서 좀 더 상세히 답변해 보려고요.

나는 우리 고양이가 가련하고 작은 동물로서 인간들이 어떤 가치, 규칙, 기준을 적절한 것으로 여기는지 도무지 모른다고, 그래서 우리의 행동을 거기에 맞출 수 없다고 생각해요. 인간들이 밤에 고요히 쉬고 싶어 한다고 아무도 우리에게 말하지 않았으니까요. 그리고 설사 말해 주었다 해도, 인간들 스스로 밤낮 구분 없이 야단법석을 떨고 소란을 피우는 마당에 우리가 그 말을 어떻게 믿겠어요.

별안간 큰 소리가 나거나 인간의 음악이 붐붐붐 하고 울려서 우리 고양이들이 자다가 화들짝 놀라 깨어나는 일이 얼마나 많은지요! 모두에게 동일한 권리가 있는 거 아닌가요? 아니라면 우리가 그걸 어떻게 이해해야 하지요? 그 밖에도 인간들 스스로 계속 새로운 규칙을 세우면서, 오늘은 이것을 금지하고 내일은 저것을 허락하는 등 그들 스스로도 무엇이 좋고 나쁜지를 분간하지 못하는 마당에, 우리가 정확히 어떤 규칙을 지켜야 하지요?

어제만 해도 성욕을 지옥에서 최고의 벌을 받게 하는 대죄로 여기다가, 오늘은 모두가 일상에서 마땅히 채워야 할 것이라고 해요. 어제는 이기심과 탐욕은 정말 부끄러운 것이었는데, 오늘은 이기주의야말로 도덕적인 명령이라고 말해요. 어제는 시기와 욕심을 배척하라고 하더니, 오늘은 그것이야말로 인간 사회의 진정한 에너지라고 해요. 그러니 어떻게 그 안에서 고양이가 정신을 차릴 수 있겠어요.

전에는 자신의 욕구를 입 밖에 내는 건 정말 무례한 일이었어요. 욕구를 채우려고 하는 건 더 나쁘게 여겨졌지요. 하지만 위대한 가라투스트라(고대 페르시아의 종교가 자라투스트라의 패러디 — 옮긴이)가 말했듯이, 욕구를 갖는 게 대체 뭐가 나쁘지요? 인간이든 고양이든 우리 모두 처음부터 그것을 가지고 태어나지 않았나요? 욕망은 우리 모두의 본성에 속하지 않나요? 따라서 누가 다른 이에게 본성을 부인하라고 요구할 수 있겠어요?

이유는 잘 모르겠지만 하느님이든 자연이든 우리를 그런 욕구로 무장시켜서 세상에 내보낸 데는 이유가 있었겠지요. 그러니 하느님이나 자연이 우리를 화나게 하려거나 시험하려 한 것이 아니라, 그 뒤에 모종의 유머가 숨어 있다고 가정해 봐요.

그리하여 가라투스트라는 말했어요. 우리가 이를 위해 더 이상 '욕심'이라는 나쁜 말이 들어간 '욕망'이라는 말 대신 '해도 된다'라는 말이 들어간 '필요'라는 말을 쓰자고 말이에요. 필요한 것은 아무도 금할 수 없으니까요. 영양분이 필요해서 배고픔을 느낀다면

욕구를 갖는 게 대체 뭐가 나쁘지요?
인간이든 고양이든
우리 모두 처음부터 그것을 갖고 태어나요.

욕망은 우리 모두의
본성이에요.

배고픔이 어찌 죄가 될 수 있겠어요. 물이 필요할 때 목마름이 어찌 죄가 되며, 종족 보존을 위해 성욕을 느낀다면 그것이 어찌 죄가 되겠어요! 또는 주변 세계와 하나가 되고자 애무와 스킨십을 원한다면요?

우리는 지금 삶의 기본 질문에 대해 논하고 있어요. 이에 대한 답변을 거부하는 것은 삶에 대한 답변을 하지 않는 것과 같아요. 더 이상 삶과 관계가 없는 답변만 하는 것을 인간 정신의 진보라고 한다면, 진보는 우리 고양이들과 상관없는 것일 거예요.

하지만 필요를 갖는 것이 허락돼 있다면, 필요를 그렇게 크고 분명하게 표명하지 못할 이유가 뭐가 있지요? 이것은 카치스토텔레스(고대 그리스의 철학자 아리스토텔레스의 패러디─옮긴이)로부터 테오도어 카초르노(독일의 사회 철학자 테오도어 아도르노의 패러디─옮긴이)에 이르기까지 고양이 철학자들이 세대를 거듭하며 내린 결론이에요. 그러나 이 자리에서는 무엇보다 미즈문트 프로이트(오스트리아의 심리학자 지그문트 프로이트의 패러디─옮긴이)를 언급하고자 해요. 그는 고양이 심리학의 창시자로, 자신의 필요를 솔직하게 표현하지 않고 억압하면 중대한 정신적 문제가 생긴다는 점에 주목했어요.

그는 현대 고양이의 상황을 '카츠'(인간 정신의 밑바닥에 있는 원시적·동물적·본능적 요소인 이드의 패러디─옮긴이)와 '위버 미츠'(자아가 원시적 욕구를 억제하고 도덕이나 양심에 따라 행동할 수 있게 하는 정신 요소인 초자아의 패러디─옮긴이) 사이의 갈등으로 분석해요. 그것은 고양이 철학적으로 아주 복잡하게 들리지요. 그러나 전혀 그렇지 않아요. 미즈문트 프로이트는 자연이 고양이에게 부여한 모든 본능과 충동과 일반적인 감정 에너지를 카츠라고 말해요.

카츠는 그러나 고양이에게 언제 배고픔이나 목마름, 나아가 육체의 정욕을 느낄 것인지만을 이야기하지 않아요. 그 밖에 이런 필요를 이행하기 위해 필요한 모든 수단을 고양이에게 줘여 주지요. 가령 배고플 때 쥐를 잡기 위한, 목마를 때 물을 찾기 위한, 참기 힘들 때 적절한 파트너를 찾기 위한 여러 가지 전략을 말이에요.

고양이가 카츠만을 따르면, 자기 자신, 그리고 자연과 하나가 될 거예요. 그러고 나면 고양이는 언제나 파라다이스에서 살게 되겠지요. 그래서 미즈문트 프로이트는 고양이 성격의 이런 부분을 카츠라고 불렀어요. 그는 예의 바른 고양이로서 이런 본성과 타협할 뿐 아니라 하나가 돼야 한다고 했지요.

그러나 '위버 미츠'라는 것이 또 있어요. 미즈문트 프로이트에 따르면, 고양이는 이성적인 존재예요. 그것은 다시 말해 고양이가 일곱 번의 생을 살면서 배운다는 의미예요. 성공뿐 아니라 실패로부터 말이에요. 이것은 고양이들이 원래의 본능, 충동, 감정을 끊임없이 바꾸는 상황에 따라 맞추고 변화시킨다는 것을 의미해요. 그래서 우리 고양이들끼리는 '쥐마다 참 다르다'고 말하지요.

세월이 흐르면서 고양이는 경험들로부터 우선 확률(개연성)을, 그 뒤 규칙을, 마지막으로는 가치와 기준을 도출해 내요. 고양이 행동에 중요성을 갖는 것들이지요.

고양이의 카츠와 위버 미츠가 같은 행동을 제안하는 한 모든 것은 문제가 되지 않아요. 그러면 고양이는 계속해서 자신과 완벽한 조화를 이루는 가운데 지내게 되지요. 하지만 두 마음이 서로 다른 걸 권하면 문제가 어려워져요. 가령 카츠가 나더러 푹신한 소파 위에서 자라고 권하는데, 위버 미츠는 아주 유감스러웠던 경험을 상기시키며 야만적인 폭력과 더불어 소파에서 쫓겨날 염려가 있다고 이야기하면 말이에요. 그러고 나면 나는 원하든 원치 않든 욕망과 이성 사이에서 결정을 내려야 해요. 굉장히 불쾌하고 성가신 상황이지요.

화가 나게도 이런 경우 교양 있는 고양이들은 위버 미츠가 이겨요. 우리가 배워야 한다는 것을 배웠기 때문이지요. 그럼에도 이런 앎은 우리에게 고통을 줘요. 동시에 부드럽고 따뜻한 소파에서 잠을 자는 것이 얼마나 달콤한지 정확히 기억나기 때문이지요.

이런 즐김을 아주 높이 평가할 줄 알았던 미즈문트 프로이트는 우리가 이런 딜레마에 처하는 걸 그냥 보고 있지 않았어요. 그는 제대로 된 고양이라면 계속 본능과 충동 및 욕구를 의식해야 한다고 하지요. 문제는 그런 감정들이 존재한다는 것이 아니라, 우리가 그런 감정들을 정확히 알지 못한다는 데 있어요. 지각과 이성으로 그런 감정들을 활용하지 못하고, 제대로 누리지 못하는 게 문제라는 거예요. 참치의 단순한 향기가 우리에게 어떻게 작용하는지를 안다면, 배고픔이 폭풍 속의 나뭇잎처럼 우리를 몰아간다 해도 우리는 신중하고 조심스러울 거예요.

자, 이제 우리가 여기서 무엇을 배워야 할까요? 우선, 우리가 자신의 욕구를 이해하고 시인해야 한다는 거예요. 그러고 나면 우리는 우리의 적절한 필요에 속하는 것이 무엇이고 속하지 않는 것이 무엇인지, 우리가 스스로를 내주어도 되는 인간은 누구이고 안 되는 인간은 누구인지를 깨닫게 돼요. 배가 고프면 먹어야 해요. 그러나 연어와 고등어에만 집중해서는 안 돼요.

두 번째, 우리는 자신의 바람(우리가 정말로 그것을 적절하고 옳은 것으로 여긴다면)을 주변 세계에 명확하고 분명하게 알려야 한다는 거예요. 그렇지 않으면 어떻게 우리의 주변 세계가 행복한 고양이의 삶에 무엇이 필요한지를 알겠어요.

'나를 사랑하면 내게 무엇이 필요한지를 알 거야'라는 문장은 참으로 무수한 오해와 갈등과 위기를 불러일으켰어요. 상대를 너무나 잘 아는 나머지 상대에 대해 모든 것을 알 수 있는 이는 아무도 없어요. 가끔은 자기 자신에 대해서도 정확히 몰라서, 자기가 느끼고 생각하고 행하는 것에 쇼크를 받는 마당에 말이에요. 가령 갑자기 네덜란드의 오래된 치즈가 마구 좋아질 때, 비가 오고 눈이 오는데 정원으로 나갈 때, 또는 강아지와 함께 공동체를 이루어 아주 평화롭게 어울려 살 때 말이지요. 전에는 그럴 줄 몰랐겠지만, 우리 모두에겐 이미 그런 일들이 일어났어요.

이런 경우 상대방은 우리의 변화를 저절로 알 수 없기 때문에, 굴하지 말고 새로 깨어난 바람들을 적극적으로 표현해야 해요. 그렇다고 그런 바람들이 곧장 이루어지는 것은 아니지만, 최소한 그것을 왜 이야기하지 않았는지 스스로를 비난하지는 않을 수 있어요. 일종의 만족이지요. 그럼에도 상대방이 전혀 이런 바람을 이루어 줄 생각이 없다면, 그건 그때 가서 생각해야지요.

자신의 바람을 있는 그대로 표현할 줄 알아야 해요

그런데 바람을 표현하는 것은 기술이에요. 무엇보다 그 바람을 이루고자 한다면 말이에요. 우리 고양이들은 이런 기술에 통달해 있어요. 그것은 우리가 우리의 경험을 체계적으로, 그러니까 학문적으로 분석하고 평가했기 때문이지요. 아니면 당신은 인간들이 우리가 야옹거리는 소리에 도저히 저항할 수 없는 것이 순전한 우연이라고 생각하세요? 아니에요. 그것은 인간의 행동을 정확히 테스트하고 그 행동에 고도로 민감하게 적응한 결과예요. 원래 당신에게 이런 걸 알려 줘서는 안 되지만, 최근 영국의 동물학자가 스스로 이런 배후를 캐내는 데 성공했기 때문에 말씀드리는 거예요.

인간들과 의사소통을 할 때 우리는 보통 높이와 보통 크기의 음으로 이루어진 표준 야옹으로 시작해요. 그리고 그에 대한 반응을 정확히 점검하지요. 반응이 어떤가에 따라 우리는 야옹 소리를 조절해요. 우리는 어린아이의 울음소리 비슷한 소리가 특히 효과가 좋다는 것을 확인했어요.

하지만 유감스럽게도 무슨 비결 같은 것은 없어요. 인간은 제각기 달라서 야옹 소리의 주파수와 변주에 다르게 반응하니까요. 따라서 약간의 실험을 해야 해요. 약간 더 높게, 약간 더 낮게, 약간 더 작게, 약간 더 크게, 약간 더 짧게, 약간 더 길게……. 개인적으로 가장 효과적인 소리를 찾아야지요. 그러나 수천 세대를 거치면서 이런 능력은 우리 고양이들 유전자에 이미 심어져 있어요. 그렇지 않았다면 우리는 인간과의 긴밀한 공동생활에서 성공적으로 살아남지 못했을 거예요.

인생의 모든 일이 거의 그렇듯이, 기다림이나 즐김도 그렇듯이, 여기서도 역시 적절한 정도가 중요해요. 한편으로는 주변이 알 수 있도록 표현을 해야 하지요. 오늘날 주변이 하도 시끄럽고 분주해서 주목을 받는 것이 그리 쉬운 일은 아니에요. 그래서 가련하고 작은 고양이는 어느 정도 끈질기게 소리를 내야 해요. 세계가 그의 존재를 알게끔 말이에요. 물불 가리지 말고 온갖 수단을 써야 한답니다.

언젠가 어떤 인간이 '원칙을 모르는 자는 고양이와 같다'라는 말을 했어요. 난 그 말을 듣고 매우 분개했어요. 우리 고양이들은 원칙과 가치를 아주 잘 알고 있으니까요. 하지만 그건 우리 자신의 원칙과 가치일 거예요. 그것은 폰타네 테오도어(독일의 소설가-옮긴이) 양반이 생각하는 원칙 내지 가치와는 다르겠지요. 그러고 나서 약간 생각을 한 다음, 나는 그 문장이 품고 있는 심오한 진리를 깨달았어요. 자신을 알리고자 하는 자는 어떤 형태의 의사소통도 포기해서는 안 된다는 사실 말이에요.

야옹거리는 소리로 도움이 안 되는 것 같으면 꽃병을 넘어뜨리

당신이 원하는 것을
표현하고 세상에 알리세요.

그래야 세계가 당신의 존재를 알 수 있어요.
물불 가리지 말고 온갖 수단을 써야 해요.

고, 때때로 구석에 오줌을 갈기고, 발톱을 내밀어 문틀을 긁어야 해요. 나는 금속성 물건 긁는 걸 선호해요. 그러면 아주 골수에 사무치는 소리가 나거든요. 아무도, 그 무엇도 그 소리를 비켜 갈 수 없지요. 또한 인간들이 익숙해지지 않도록 때때로 방법을 바꾸어 주어야 해요. 배경 소음에 완전히 묻혀 버려 더 이상 주목을 이끌어 낼 수 없을지도 모르니까요.

이런 의미에서 나는 우리 고양이들이 '철면피 같다'는 걸 인정해요. 바람을 표명하는 데 관한 한 우리는 정말로 양보를 모르기 때문이지요. 그래요. 우리는 인간의 신경을 거스를 수 있어요. 그거 말고 또 무얼 할 수 있겠어요? 그저 인간들의 발을 밟는 것만으로는 성공하지 못해요. 4.5킬로그램에 불과한 우리 몸무게로는 그리 큰 인상을 남길 수 없을 테니까요(뭐 난 약간 더 나가요. 하지만 그래 봤자 별 의미가 없어요).

물론 우리 고양이들은 인간들을 할퀼 수 있어요. 그건 발톱 덕분에 그리 어렵지 않아요. 우리는 양탄자나 가죽 소파에서 여러 시간 인내심 있게 발톱을 연마하면서 여간해선 목표물을 놓치지 않는 좋은 기술들을 개발했어요. 바로 타찬도(태권도의 패러디―옮긴이)지요.

하지만 그것은 우리가 아주 특별한 상황에서만 사용하는 아주 거친 테크닉이에요. 어느 사무라이 수고양이가 말했듯이 모든 싸움을 할 필요는 없으니까요!

따라서 우리는 모든 수단을 통해 인간의 신경을 긁는 것 외에는 달리 할 수 있는 일이 별로 없어요. 특히 청각 신경과 후각 신경을 긁는 것이지요. 신호와 메시지로 가득한 이런 복잡하고 복합적인 세계에 묻혀 버리고 싶지 않다면, 결국 우리와 우리의 합법적인 소망에 주의를 환기시켜야 해요. 우리가 그렇게 묻혀 버리는 것이 정확히 하느님이나 자연의 계획은 아니라고 확신해요. 그러므로 당신이 간절한 야옹거림을 듣고 고양이의 청을 들어준다면, 세계의 다양성을 보존하는 데 일조를 하는 거예요. 저녁에는 걱정하지 말고 맘 푹 놓고 잠자리에 들면 돼요. 다음 날 아침 일찌감치 고양이가 알아서 당신에게 당신의 의무를 상기시켜 줄 테니까요.

정직하게, 때로는 뻔뻔하게 원하는 것을 드러내세요

누누이 말한 것처럼, 우리는 작고 가련하고 약한 존재예요. 그 때문에 우리는 다른 이들의 감정을 배려하지 않아도 돼요. 우리의 소망을 충족시킬 수 있는 기회는 그리 자주 오는 게 아니에요. 우리가 매일 아침 고요히 앉아서 인간들을 방해하지 않는 것이 뭐가 유익하겠어요? 인간들이 깜박하고 우리에게 먹이도 주지 않고 나가 버리는 바람에 온종일 먼지 낀 건조 사료로 만족해야 하는 사태가 벌어질 확률이 높은데요.

그러므로 가능하면 일찍부터 야옹거림을 시작해서 닭 가슴살이나 우유가 그릇에 놓이면 중단하는 것이 나아요. 물론 우리 중 많은 고양이는 빈 그릇 옆에 앉아서 우아한 방식으로 자신들의 바람을 표현하는 데 성공한다는 걸 인정해요. 물론 그러려면 인간들이 못 보고 지나칠 염려가 없도록 인간들이 자주 지나다니는 자리를 물색해야 하지요.

나는 이런 섬세한 방식의 의사소통을 매우 높이 평가해요. 하지만 이런 방식에는 위험이 따른다는 점을 지적하고 싶어요. 우선은 못 보고 발에 차일 염려가 있어요. 모르고 그랬다는 것이 아픔을 더 적게 해 주지는 못하지요. 또한 유감스럽게도 '감각이 둔한' 인간이 꽤 많아요. 그래서 그들은 고양이가 가만히 앉아 자신들에게 중요하고 진지한 메시지를 전하려 한다는 걸 눈치채지 못해요.

하지만 책임을 다른 이들에게 돌려서는 안 되기 때문에 나는 가만히 기다리기보다는 더 강력한 방법을 택해요. 해가 뜨면서부터 마치 악령이 내 뒤를 쫓아오기라도 하는 것처럼 야옹거리는 것이지요.

이럴 경우 언제가 적절한 때인지를 아는 것이 진정한 기술이긴 해요. 어느 때는 동정을 얻지 못하고 단지 성가시게만 보이기도 하거든요. 나는 그럼에도 목표를 이루기만 한다면 상관없어요. 기본적인 바람을 이루는 것에 관한 한 부끄러움을 느껴서는 안 되거든요.

그러나 인간들은 이상해요. 우리가 성가시게 굴지 않도록 자신들의 의무를 다하지도 않고, 우리에게 무엇이 적절한지를 알려 주지도 않은 채, 시끄럽게 한다고 무조건 우리를 쫓아내요. 따라서 자신의 바람을 명확하게 밝히는 것도 지나치게 해서는 안 돼요. 그러다가 아무것도 얻지 못할 수도 있거든요. 그러므로 언제 어떻게 자신의 소망을 표현할지 주의해야 하지요.

참을성의 한계까지, 최소한 다른 이들이 참을 수 있는 한계까지 가야 한다는 것은 의심할 바 없어요. 그러나 한계까지만 접근하면 되지 결코 그 한계를 넘어가면 안 돼요. 그렇지 않으면 다시금 쾌락과 고통의 문제가 제기돼요. 시끄럽게 소리를 지르다가 신문지 뭉치로 두들겨 맞을락 말락 하면서 마구 쫓겨 다니다 간신히 장롱 위로 올라가 스스로를 구원한다면, 뭐가 좋겠어요? 먹을 것도, 스킨십도 얻지 못하고 말이에요. 나중에 순전히 앙갚음으로 식탁 위의 튤립을 먹는다면, 영혼의 휴식은 되겠지만 문제는 해결되지 않아요. 튤립은 그렇게 맛있지 않거든요.

하지만 우리 대부분 이렇듯 적당히 하는 것은 매우 어려워요. 우리 역시 살과 피로 이루어진 존재거든요. 나 역시 내 감정으로 터질 듯해서 간혹 아주 예의 있게 배를 쓰다듬어 주는데도 발톱을 출동시킨다는 점을 인정해요. 단지 그보다 약간 더 많은 것을 얻기 위해서 말이에요. 그래서는 안 될 거예요. 안 되지요. 하지만 가끔 역부족일 때가 있어요. 그러고 나면 난 다른 고양이들처럼 스스로를 제어하지 못해요. 따라서 나는 정식으로 용서를 구하지요.

그러나 심한 상황을 제외하면, 우리 고양이들은 자신들의 바람과 뜻을 아주 세심한 방식으로 알려요. 우린 장난으로 무는 강아지처럼 하지 않아요. 우리는 뭔가를 좋아하거나 좋아하지 않거나 하면, 아주 일찌감치 표시가 나요.

인간으로서 적절한 노력을 기울인다면 고양이 행동을 쉽게 읽을 수 있어요. 고양이는 자신의 기분을 알리는 명확한 신호를 보내요. 쓰다듬어 주는 것이 더 이상 유쾌하지 않을 때는 몸을 약간 옆으로 돌리면서 그 손을 부드럽게 그러나 확실하게 발로 밀어내요. 그러고는 발톱을 출동시키기 전에 일어나서 우아하게 물러나지요.

인간은 이런 섬세한 신호를 정확히 관찰하고 그것에 맞춰 행동을 해야 해요. 고양이와도 그래요. 당신에게 뻔뻔하게 보이는 것은 사실 아주 정직한 것 외에는 아무것도 아니에요. 삶에서 진정으로 중요한 것들에 관한 한 우리 고양이들은 자신들의 감정을 숨기지 않아요. 우리는 감정을 속이지 않고 있는 그대로 표현해요. 이런 정직함의 내용과 형식이 늘 마음에 들지는 않는다 해도, 인간들이 그 가치를 좀 인정해 주었으면 좋겠어요.

7장 방랑자 고양이, 루푸스

세상과 조화를 이루며
진정한 자유를
누려요

세상과 조화를 이루며
진정한 자유를
누려요

무엇이 진정한 자유일까요?

규칙을 지키지 않고 자기 의지대로만 행동한다면 뻔뻔하다고 할지도 모르겠어요. 하지만 그런 행동은 '자유'의 표현이라고도 할 수 있어요. '의지의 자유' 말이에요. 의지의 자유는 인간에게 아주 중요한 것이라서 그들은 자기 외의 다른 존재에게는 그것을 허락하지 않는 듯싶어요.

인간이 행동할 때 아무에게도 영향을 받지 않는다면, 그것은 좋고 옳은 일이에요. 그러나 고양이가 그렇게 한다면, 고집이 세고 주제넘은 것이라 꾸지람을 듣고 벌을 받아야 해요. 절대로 잘했다고 칭찬을 하거나 추어올리지 않아요. 우리 고양이들이 모든 비판에 그렇게 태연하고 침착하게 대처할 수 있는 것이 얼마나 다행인지 몰라요.

 짧지만 격렬한 사냥 끝에 식탁 위의 비프스테이크를 꿀꺽한 고양이가 인간에게 욕을 들을 때 그 고양이를 잘 관찰해 봐요. 그것은 인간에겐 성물 절도죄에 해당돼요. 즉 거룩한 법칙을 어긴 것이지요. 하지만 고양이에게 그것은 내적 자유의 표현일 뿐이에요.

 따라서 고양이는 그런 꾸지람을 이해하지 못해요. 고양이는 잔소리를 그냥 들어 넘겨요. 경우에 따라 고개를 숙이고 앞발을 닦으면서요. 하지만 그런 다음 충분하다 싶으면, 천천히 일어나 꼬리를 곧추세우고 그곳에서 물러나 버리지요. 강아지처럼 꼬리를 내리고 커피 테이블 밑으로 기어 들어가 오들오들 떠는 고양이는 보지 못했을 거예요.

 어떤 이는 자유는 아무것도 잃어버릴 게 없는 상태라고 주장하지요. 즉 더 이상 아무것도 잃을 게 없으면 자유롭다는 이야기예요. 고통과 욕구로부터 스스로 자유로울 때, 손실이나 실망에 대해 전혀 두려움을 가지지 않아도 될 때, 삶에 대한 순전한 기쁨 외에는 아무것에도 휘둘리지 않을 때라야 진정 자유롭다고 말할 수 있을 거예요.

 그러나 반대로 내가 좋아하고 귀중하게 여기는 것을 모두 잃어버려 더 이상 잃을 게 없다면 그게 대체 무슨 자유겠어요. 내가 다시금 민첩한 쥐들을 사냥하는 데 혼신의 힘을 기울여야 하고, 더 이상 크림이나 연어를 짭짭댈 수 없다면요? 내가 비를 피할 궁색한 은신처를 찾아야 하고, 더 이상 소파에서 잠을 잘 수 없다면요? 내가 의심의 촉각을 곤두세우고 숲을 살금살금 다녀야 하고, 더 이상 맘 놓고 배 마사지를 받을 수 없다면요?

한번 솔직해져 봐요. 당신 같으면 그런 상황에서 자유를 택하겠어요? 경험 많은 수고양이로서 이야기하건대, 그런 종류의 자유는 곳곳에서 과대평가되고 있어요. 그리고 반복하건대, 우리 중 자유의지로 혹은 의식적으로 길고양이 삶을 택하는 고양이는 아무도 없을 거예요.

물론 지독한 두려움이나 욕망들을 떨쳐 버리는 것이 좋고 적절하겠지만 몇 개 정도는 가지고 있어야 해요. 그렇지 않으면 삶은 말할 수 없이 단조로워질 테니까요. 자연에서의 단순하지만 자유로운 삶을 꿈꾼다면 당신은 가지고 있는 모든 것을 빼앗길 때 가장 행복해야 해요. 그러면 도둑과 강도들이 인류의 가장 진정한 자선가들이 되겠지요. 인간들에게 자유를 선사하니까요. 만약 도둑이나 강도가 없다면 당신은 자유를 누리기 위해 자발적으로 당신의 모든 소유물을 내놓아야 해요.

그러나 만일 당신이 고양이와 함께 살고 있다면 그렇게 모두 줘 버리면 안 돼요. 고양이는 당신이 언제나 다양한 먹을거리들을 충분히 비축해 놓고 있다고 믿으니까요. 꼭 줘야 한다면 당신이 원하는 것이나 남에게 주세요. 그러나 제발 고양이 먹이까지 줘 버리지는 마세요!

더 이상 아무것도 잃을 게 없는 상태를 '자유'라 칭할 수 있을지도 몰라요. 그러나 그것은 우리 고양이들이 말하는 자유가 아니에요. 우리가 무엇을 자유라고 하는지 더 정확히 설명해 드릴게요.

진정한 자유란 필연에 굴복하지 않는 상태예요

우리에게 돈과 재산은 중요하지 않지만, 가난 속의 자유는 싫어요. 우린 이미 그것을 분명히 했어요. 우리는 탐욕스럽지도 않고, 질투하지도 않고, 인색하지도 않아요. 단순하지만 유쾌한 삶에 대한 욕구가 없지도 않아요. 그것은 우리가 쾌락과 고통 사이에서 이성적인 숙고를 통해 가능하면 고통을 피하기 위해 모든 노력을 기울인다는 의미지요.

'고통', 그것은 결국 하루의 마지막에 돌려받는 에너지보다 더 많은 에너지를 사용해야 한다는 것을 의미해요. 특정한 시간 동안에는 실로 그럴 수 있어요. 하지만 종합적으로는 수익이 투자보다 더 많아야 하지요. 내가 이미 말했듯이, 우리 고양이들도 경제를 좀 알아요. 단 우리는 그 지식을 모든 수단을 동원해 유쾌한 삶을 영위하는 데 활용할 따름이지요.

그런데 자유가 무조건 가난에서만 발견되는 것이 아니라면, 대체 어디에 자유가 있을까요? 그에 대해서도 물론, 수많은 고양이 철학자가 예상했듯이, 무수한 대답이 있어요.

그들 중 몇몇은 자유를 강박이 없는 상태라고 말해요. 다시 말해 필연에 굴복하지 않는 상태라는 것이지요. 즉 여러 대안 중에서 선택할 수 있는 가능성을 갖는 거예요. 스스로 결정의 주인이 된다면 첫눈에 보기에도 좋은 일일 거예요. 다른 존재의 노예와 종이 아니고, 막 생각나는 것을 할 수 있고 시킬 수 있다면 말이에요. 난 내가 원하는 대로 해요.

하지만 우리 솔직하기로 해요. 우리 고양이들은 살면서 원하는 것보다 해야 할 일을 더 많이 하고 있음을 전적으로 인정해요. 참치와 닭고기 중 무엇을 더 원하는지는 자유로운 의지에 따른 거예요. 그러나 뭔가를 먹는 것, 정말로 먹어야만 하는 것은 무지하게 강한 자연의 강제일 따름이에요(이런 경우 내 배 속에서 계속 꼬르륵거리며 신호를 보내는 배고픔의 강제예요).

따라서 도둑과 강도가 도와주지도 않는 마당에 내가 어떻게 자유롭다고 말할 수 있겠어요? 당신은 내가 언제 먹을지 택할 자유를 가지지 못한다면, 최소한 무엇을 먹을지는 결정할 수 있다고 말할지도 몰라요. 그래요. 그것이 그렇게 간단하다면 좋겠네요. 하지만 내가 원하는 것이 언제 어디서나 제공되지는 않아요. 내가 쥐와 쓰레기 더미 중에서 고를 수 있다면 그것도 자유라고 할 수 있나요? 또는 곤죽이 된 완두콩이나 다 타 버린 고기 조각 중에서 고를 수 있다면요?

어쨌든 선택할 수 있다는 것을 자유라고 부르자고 한다면, 당신은 아주 적은 것으로도 만족하는 인간일 거예요. 그러면 페스트와 콜레라 중 하나를 선택하는 것에서도 스스로 결정했다는 자부심을 느껴야 하게요? 그러면 자유가 결국 무엇을 의미하는지를 토론할 필요도 없어요. 어쨌든 그런 상황은 우리 고양이들이 자유로 이해하고 싶은 것이 아니니까요.

우리는 그것이 우리의 마음에 들든 들지 않든, 언제나 어디서나 우리가 필연성의 세계에서 살고 있음을 의식하고 있어요. 우리가 작고 약한 존재라서 우리의 자율성이 제한돼 있다는 것은 아니에요. 이 세계에는 원래 필연성이라는 것이 있어요.

그러나 인간들은 이런 필연성을 계속 거부해요. 원래 필연성 같은 것은 없다고 주장하면서 말이에요. 인간은 어쩔 수 없이 늙고 약해지고 병들 필요가 없고, 또는 어느 날 죽을 필요가 없대요. 가난하거나 못생긴 것도 필연적인 것이 아니래요. 원하기만 하면 모든 것을 변화시킬 수 있대요. 고통 없이도 쾌락을 얻을 수 있고, 그러고 나면 인간은 강박, 아픔, 가난으로부터 자유로워진대요. 그리고 자신에게 약속된 것이 이루어질 거래요. 어느 날 그들의 눈에서 모든 눈물이 닦이고, 죽음은 더 이상 없을 것이고, 고통도, 울부짖음도, 아픔도 더 이상 없을 거래요. 그렇게 인간들은 필연성이 없는 세계를 만드는 데 돌입했어요. 그 세계에서는 모두가 결과에 대한 책임 없이 원하는 것을 할 수 있어요.

하지만 인간들이 모든 학문과 기술을 동원해 정말로 필연성에 일격을 가한 것일까요? 최소한 그들은 모든 노력을 기울였어요. 우리 고양이들은 질투심을 발휘하지 않고 그것을 인정해요. 우리 역시 그로부터 약간의 이익을 보고 있으니까요. 그렇지 않았다면 우리가 어떻게 충분한 생선과 새우를 얻을 수 있겠어요. 설사를 유발하지 않는 저 신기한 우유도요.

자연의 필연성에서 완전히 자유로워질 수 있을까요?

그러나 나는 이 기회에 인간의 이런 모든 노력에도 불구하고 필연성은 오래전에 세상으로부터 추방되지 않았다는 점을 지적해야 해요. 인간이 다른 지시를 내릴 기회도 없이, 지진과 홍수가 나고, 폭풍우가 땅을 휩쓸고, 산이 불을 토해요. 또한 인간들은 대부분 전혀 죽기 싫은데도 죽어야 해요. 자기 자신이 힘이 있다고 여기는 것과 실제로 힘을 가지는 것은 별개의 일이에요. 그리하여 인간이 자연의 필연성, 즉 숙명이 금세 파괴해 버릴 곳에 그들의 집과 도시들을 건설하는 것은 교만에 지나지 않아요.

그로 인해 누가 고통을 당해야 하나요? 물론 인간들이지요. 그들의 힘을 믿고, 그곳을 보금자리로 삼았던 인간들. 그 밖에 또 누구겠어요? 그래요. 우리 고양이들도 고통을 당해야 하지요. 이 세상에서 살아남기 위해 전전긍긍하는 불쌍하고 작고 약한 존재인 고양이들요.

우리는 또한 인간들을 따라 이런 위험한 장소들에도 갔어요. 물론 우리가 더 잘 살폈어야 하지만요. 우리는 예민한 감각 덕분에 땅이 언제 들고일어날지 인간보다 훨씬 더 빨리 느끼거든요.

덕분에 우리는 집이 무너지고 모든 생물이 그 아래로 매몰되기 전에 적절한 틈을 타 집에서 뛰쳐나와 피신할 수 있어요. 그러고 난 다음이면, 누가 우리의 합법적인 필요를 생각하겠어요? 누가 우리에게 먹을 것과 마실 것을 주겠어요? 누가 우리에게 추위와 비를 피할 은신처를 제공하겠어요? 그때 인간들은 자기 자신만 생각해요. 물론 충분히 이해할 수 있어요. 하지만 부디 배고프고 추위에 떨며 주변을 배회하는 고양이들도 잊지 말아 주세요. 고양이들이 아주 열악한 조건에서도 강아지들보다 더 빨리, 더 잘 적응한다는 것은 큰 위로가 되지 못해요.

따라서 결정할 자유를 요구하는 자는 결정으로 빚어지는 결과들 앞에 서야 해요. 물론 그것을 달가워하는 이는 아무도 없을 거예요. 올 것이 올 때 책임을 져야 하는 건 자유의 또 다른 어두운 면이에요. 그러나 대부분의 인간들은 그렇게 생각하지 않는 것 같아요. 인간들은 언제나 죄를 다른 인간들에게서 찾거든요(그리고 찾았다고 믿거든요). 몰랐다, 이야기를 제대로 못 들었다, 다른 인간들이 해야 할 일을 하지 않았다, 상황이 좋지 않았다, 운명과 우연 및 악으로 인해 이렇게 됐다 하면서요.

인간들은 그럴 때마다 다른 생물들은 구사할 수 없는 해부학적 독특함을 사용해요. 그런 상황에서는 으레 어깨를 으쓱하지요. 경우에 따라 무력함이나 아무래도 좋음을 표시하는 아주 섬세한 신호예요.

우리 고양이들은 그런 제스처에 개의치 않아요. 그런 제스처가 어떤 의미인지 정확하게 알지만, 우리는 전혀 굴하지 않고 우리에 대한 그들의 책임을 아주 확실하고 분명하게 지적하지요. 새벽 세 시라도 상관없이 말이에요. 우리는 또한 인간이 육체적 폭력을 쓸 것처럼 위협하며 우리를 침실에서 내쫓아 버려도 감수할 수 있어요. 그런 다음 삼십 분쯤 지나면 다시 가지요. 결국 원래의 문제는 우리를 쫓아내 버린 것으로 해결되지 않거든요. 그로써 다시금 필연성이 자유를 누르고 승리하게 되는 것이지요.

이마누엘 카츠(독일의 철학자 이마누엘 칸트의 패러디—옮긴이)는 지식과 양심에 근거해 결정을 내려야 한다고 강조했어요. 바른말이지요. 그에 따르면 '계몽은 고양이가 미성숙, 즉 미숙함에서 벗어나는 것'이에요. 그는 '미성숙은 다른 이가 이끌어 주지 않고서는 자신의 오성을 활용하지 못하는 무능력'이라고 했어요.

우리 고양이들은 인간이 우리에게 먹을 것을 담은 접시를 제공했다고 해서 이런 식사를 점검 없이 탐욕스럽게 꿀꺽 삼켜 버릴 이유는 없다고 생각해요. 우리가 이미 오랫동안 그와 가까이 지내며 대체적으로는 그를 신뢰하게 되었다 해도, 제공된 음식이 우리에게 맞는지 맞지 않는지는 스스로 결정하고 싶거든요. 이미 말했듯이, 그것은 불신도 의심도 아니에요. 성년, 즉 성숙한 존재의 권리일 따름이지요.

수고양이로서 나는 이 자리에서 '성년'이라는 개념이 '입'과 관계있다는 것을 언급하지 않을 수 없네요. 그러니까 입을 의사소통에 활용하는 자만이 '성숙한' 것이거든요. 따라서 자신의 의견과 소망을 좀 시끄러워도 올바로 표현하는 자만이 성숙한 거예요. 그래서 우리는 밤낮을 막론하고 언제나 그렇게 하지요. 물론 필요하고 적절할 때 말이에요.

따라서 그동안 고양이가 당신이 자고 있는데 당신을 놀래 주는 이유를 정확히 몰랐다면, 이제는 알기를 바랍니다. 즉 고양이는 '미성숙'이라는 비난을 듣지 않기 위해 순전히 고양이 철학적인 이유에서 그런다는 걸 말이에요. '미성숙'이라는 비난을 듣는 건 견딜 수 없고 지울 수 없는 치욕이에요.

세상은 우리의 의지대로 움직이지 않아요

따라서 필연성에서 자유로워지는 것은 아주 복잡한 사안인 듯싶어요. 당신이 여전히 확신하지 못한다면, 당신에게 미즈문트 프로이트(오스트리아의 심리학자 지그문트 프로이트의 패러디―옮긴이)와 그가 말한 카츠(인간 정신의 밑바닥에 있는 원시적·동물적·본능적 요소인 이드의 패러디―옮긴이)를 상기시켜 드릴게요. 인간이든 고양이든 우리 모두는 유년 시절부터 기억과 경험의 영향을 받아요. 희망, 두려움, 동기 부여, 트라우마……. 우리는 우리가 살아온 생의 산물이에요. 거기서는 생이 한 번이었는지 일곱 번이었는지가 중요하지 않아요.

이 사실만 알아도 많이 나쁘지 않을 거예요. 그러나 이런 것들이 카츠를 이루어서, 우리를 무의식적으로 이 방향 혹은 저 방향으로 인도하는 거예요.

꼬마 고양이일 때 신문으로 호되게 얻어맞았기 때문에 신문을 보기만 해도 놀란다면, 이성적인 존재의 자유는 대체 어디에 있는 것일까요? 어렸을 적에 먹이를 하나도 남김없이 먹도록 강요당했기 때문에 이성적인 존재로서 건조 사료에 구역질이 난다면, 그것을 자유라 부를 수 있을까요? 나는 이런 현상이 너무나 이해가 가요. 나는 건조 사료를 아직도 도저히 먹을 수가 없거든요.

아무튼 스스로 조금만 생각해 보면, 당신이 왜 어떤 것을 싫어하는지 알 수 있을 거예요. 물론 그에 대해 이성적인 이유를 제시할 수는 없더라도 말이에요. 단지 예전에 한 번 멍청한 우연을 통해 나쁜 경험을 했기 때문일지라도요.

그러나 인간은 무엇보다 지능 덕분에 자유 의지를 가지고 있다고 맞받아치시겠지요? 그리하여 혐오감을 억누르고, 가령 시금치를 좋아하지 않는데도 시금치 한 접시를 먹으면서 자신의 자유를 증명할 수 있다고 말이에요. 좋아요! 당신이 그렇게 고역을 치르며 당신의 자유를, 또는 아르투르 포텐하우어(독일의 철학자 아르투르 쇼펜하우어의 패러디 — 옮긴이)가 언젠가 말했듯이 '의지와 표상으로서의 세계'를 증명할 수 있다면요. 그런데 우리 고양이들은 포텐하우어가 한 말의 섬세한 반어를 이해했지만, 인간들은 이해하지 못한 것 같아요.

인간들은 정말로 의지를 통해서만이 세계를 자신의 표상에 따라 만들 수 있다고 믿어요. 그래요. 하지만 세계가 그걸 더 잘해요.

때로 나는 인간이 어린 고양이에게 놀이를 허락하는 것처럼, 세계가 인간에게 그런 여지를 허락한 것이 아닌가 하는 생각을 해요. 그러고 나서 때가 되면 다시금 정리하라고 인간을 부르는 것이지요. 좀 거친 수단으로라도 말이에요.

세계가 원래 어떻게 돼야 하는지에 대해 누구나 자신만의 표상을 가지고 있는 듯해요. 비둘기가 입으로 날아들고, 우유로 된 호수에서 헤엄치고, 연한 풀밭에 누워 석양을 즐기는 세계……

당신은 세계가 어때야 하는지에 대해 약간 다른 표상을 가지고 있을지도 몰라요. 하지만 그것은 중요하지 않아요. 고양이들과 인간들은 다르니까요. 다만 중요한 것은 고양이로 살아가든 인간으로 살아가든 세계가 그들의 모든 소망이 채워진 상태가 되는 경우는 거의 없다는 거예요. 그래서 우리는 때로 세상이 생존에 필요한 우리의 욕구를 채울 수 있는 상태라는 것만으로도 충분히 기뻐할 수 있어요. 결국 포텐하우어의 말은 '우리는 언제나 우리가 원하는 대로 상상할 수 있지만, 세계는 자신의 규칙과 법칙대로 된다'는 뜻이었어요. 알겠어요?

자기 자신을 인식하고 세상과 조화를 이루세요

이 세계가 평소에는 우리와 우리의 소망에 대해 별로 관심이 없는 듯해도 우리에게 의지란 걸 주었어요. 그 때문에 우리는 기회가 제공될 때마다 의지를 활용해야 해요.

또는 반대로 말해 볼게요. 우리가 일생 동안 자연이 우리에게 부과해 준 필연성만을 따른다면, 우리는 인과 법칙만 따르게 될 거예요. 그러면 우리는 개성이나 이성이 필요가 없지요. 우리는 자연이 끈을 잡아당길 때마다 이리저리 움직이는 꼭두각시나 다름없을 거예요. 그러면 우리는 우리가 하는 일에 책임이 없고, 동시에 우리의 업적이나 성공에 대해 자랑스러워할 수도 없겠지요.

그런 삶은 정말로 단순하고 쉬운 삶일 거예요. 그러나 그런 삶이 행복하고 보람 있을까요? 나는 고양이로서 어쨌든 자연의 노리갯감으로는 살고 싶지 않아요. 자신의 삶에 전혀 기여하지 못하는 상태로는 만족할 수 없으니까요. 대신 나는 이런저런 실패를 감수할 준비가 돼 있어요. 최소한 내가 삶의 게임에 투입할 수 있는 생이 몇 번쯤 남아 있는 동안에는 말이에요.

하지만 인간의 생이 일곱 번이 아닌 단 한 번이라는 사실도 나의 명제에 대한 반론은 되지 못할 거예요. 생이 하나라면 더 신중하게 살아야지요. 걸출한 정신적 재능이 있는 인간에게 그건 그다지 어려운 문제가 아니지 않나요?

누군가 내게 자유 의지가 몇몇 분비물과 호르몬의 흐름에 불과하다는 것을 증명해 보일 수 있다고 해도, 난 최소한 전능한 자연만이 아니라 나 스스로 내 삶을 결정한다고 믿고 싶어요. 내 의지를 가지고자 하는 것이 바로 의지가 존재하고 힘이 있다는 최상의 증명이 아닐까요?

자랑이라고요? 그래요! 거만이라고요? 그럴지도 몰라요! 죄라고요? 아뇨. 그건 아닐 거예요! 의지를 갖기 위해서는 한 가지 전제가 있으니까요. 바로 자기 자신을 가능하면 정확히 알아야 한다는 것이지요. 그래서 우리 고양이들은 언제나 황금 규칙을 지켜요. 고대 그리스의 유적지인 델포이의 아폴로 신전 입구에 새겨져 있던 규칙이지요. 바로 '너 자신을 알라!'는 규칙이에요.

진정한 자의식은 스스로를 모든 면에서 아주 세세하게 의식하는 것이지요. 따라서 자신을 부추기거나 억누르는 것이 무엇인지 정확히 알고, 자신의 약점이나 걱정을 잊어버리거나 억누르지 말고 강점과 더불어 언제나 의식해야 해요. 그래야만 스스로를 인식할 수 있답니다.

물론 이런 상태가 되는 것이 그리 쉽지 않다는 점은 인정해요. 어쨌든 대부분의 인간들은 자신의 실수와 결점에 대해서는 도무지 알려고 하지 않지요. 한꺼번에 모든 것을 의식하기에는 약점이 너무 많을지도 몰라요. 그리고 그것을 알아 가는 것은 확실히 몹시 아픈(그러니까 고통스럽다고 할 수 있는) 과정일 거예요. 자기 인생의 심연으로 들어가는 극도로 불쾌한 여행이지요.

다행히 우리 고양이들에겐 일곱 번의 생이 있어서, 모든 면을 인식하고 스스로를 잘 알게 되기까지 한 발 한 발 나아갈 수 있는 시간과 기회가 충분해요. 그래서 생이 하나뿐인 인간들에게는 이렇게 충고할 수밖에 없어요.

'자신, 그리고 세계와 하나가 되는 조화와 행복을 느낄 수 있도

록 가능하면 일찍 시작하라!'

자, 그럼 시작!

필연성과 가능성의 조화 속에 진정한 자유가 찾아와요

여하튼 우리 고양이들이 난로 옆에, 소파 위에, 풀밭에, 탁자 아래에 고요하고 평온하게 앉아 있거나 누워 있는 것도 다 그 때문이에요. 그럴 때 우리가 잔다고 생각했다면, 당신을 실망시켜 드려야겠네요. 우리는 그렇게 조용히 앉아 세계의 움직임에 대해, 그러나 무엇보다도 우리 자신에 대해 생각하고 있는 거예요.

카츠(인간 정신의 밑바닥에 있는 원시적·동물적·본능적 요소인 이드의 패러디—옮긴이)와 위버 미츠(자아가 원시적 욕구를 억제하고 도덕이나 양심에 따라 행동할 수 있게 하는 정신 요소인 초자아의 패러디—옮긴이)에 대해, 우리의 욕구와 욕망에 대해, 세계에서의 우리의 위치와 우리에게 위임된 과제들을 어떻게 하면 잘 수행할 수 있을 것인지 등등에 대해 생각하지요(우리 고양이들이 악령을 수색하는 거 기억날 거예요).

날 믿어요. 우리에겐 일곱 번의 생만큼의 시간이 있기에, 당신이 당신 스스로에 대해 아는 것보다 우리가 우리 스스로에 대해 아는 것이 더 많아요. 우리는 언제 움직여야 하고, 언제 자야 하고, 어떤 음식이 맛있고, 어떤 음식이 그렇지 않은지, 사냥을 갈 시간은 언제이고, 집에 돌아올 시간은 언제인지를 알고 있어요. 또한 어떤 기억과 어떤 경험들이 우리를 인도하는지, 그것들이 우리에게 언제 올바른 길을 지시하고, 언제 틀린 길을 지시하는지도 잘 알아요. 우리는 우리의 강점과 약점 또한 알고 있답니다. 싸움을 해야 할지 도망쳐야 할지도 구분할 줄 알고요.

우리는 자기 자신을 잘 알고, 자신과 세계가 사이좋은 가운데 살고 있어요. 대부분의 세계와 그래요. 당신이 누구에게 묻느냐에 따라 달라지지만요. 쥐들의 대답은 코끼리들의 대답과는 다를 거예요. 하지만 지나가는 말이지만, 코끼리와 쥐의 관계 또한 아주 좋지는 않잖아요.

이러쿵저러쿵 동물들 이야기를 늘어놓으며 당신을 지루하게 만들고 싶지는 않아요. 밤이 길다면 더 많은 이야기를 하겠지만, 우리에겐 시간이 많지 않아요. 그러니 다음번을 기약하지요. 여기서는 어쨌든 자유가 문제이고, 우리가 자기 자신을 잘 알고, 그리하여 어느 때 필연성을 따라야 하고, 어느 때 자연이 우리에게 허락해 준 얼마 되지 않지만 세련된 여지를 활용할 수 있는지를 안다면, 그것이 우리에겐 최고로 자유로운 것이지요.

이런 주제에 너무 깊이 들어가지는 않겠어요. 하지만 자연은 때때로 약간 칠칠맞지 못해요. 자연은 모든 것을 마지막 세세한 부분까지 확정하지 않고, 종종 그 모양과 능력을 그저 두루뭉술하게 이 세상 존재들에게 맡겨 두지요. 즉 우연과 확률이 있고, 또한 위험 요소가 있어요. 자신을 잘 아는 인간은 그런 기회가 언제 자신에게 제공되는지, 그리고 그것을 이용하는 것이 보람이 있는지를 상당히 잘 알지요.

다시 한 번 정리하자면, 자유는 필연성을 인식하는 거예요. 고양이로서(물론 인간으로서도) 어쩔 수 없이 해야 할 것들에 대한 지식이라고 말할 수도 있어요. 자기 자신에 대한, 자신의 성향과 능력과 희망과 두려움에 대한 깨달음도 이런 지식에 속하지요.

그러나 다른 한편 자유는 이 세계가 매일같이 관대하게 제공해 주는 무수한 가능성을 아는 것이기도 해요. 삶에서 많은 것이 그렇듯이, 부득이한 것과 가능한 것을 구분할 뿐 아니라(그것은 어렵지 않고 빠르게 알 수 있어요), 필연성과 가능성을 조화롭게 엮어 내는 것은 커다란 기술이에요.

내가 정원으로 나가야 하는데 주룩주룩 비가 오고 있을 때, 나는 정원으로 나가야 하나요, 아니면 미뤄야 하나요? 여하튼 그것은 나의 결정이고, 나의 의지이며, 그리하여 이제 나의 책임이기도 해요. 오줌을 참느냐, 아니면 털가죽을 적실 것이냐 하는 것도요.

뼈아픈 실수가 결국 우리를 성장시켜요

앞에서 말한 것처럼 시간이 촉박하네요. 아직 이야기할 것도, 생각해야 할 것도 많은데 말이에요. 아무튼 강박으로부터의 자유든, 필연성으로부터의 자유든, 결정을 위한 자유든, 의지의 자유든, 혹은 자기 자신을 아는 자유든 간에, 자유가 정말로 있다고 해 봐요. 그리고 나아가 이성적인 존재가 이성적인 방식으로 그런 자유를 취급한다고 해 봐요.

그렇다면 그 이성적인 존재가 자유를 어떤 목적에 이용하는지 하는 문제가 남아요. 자유를 단지 직감에 따라 하고 싶은 대로 즉흥적으로 행동하기 위해서만 활용하지는 않을 것 아니에요. 직감에 따른 행동은 자유가 아닌 필연에 따른 행동일 테니까요. 배고프거나 목말라서 또는 어디가 가렵기 때문에 말이에요. 오늘은 이렇게 내일은 저렇게 행동하는 것, 오늘은 쓰다듬는 손길에 만족스럽게 몸을 맡기고 내일은 발톱을 세우는 것, 오늘은 고등어에 달려들고 내일은 그것을 물리치는 것, 그것은 자유와 아무런 관계가 없어요. 거기에는 이성이 결여돼 있으니까요.

이성은 쾌락과 고통에 대해 숙고하는 과정이에요. 가능하다면 쾌락을 위해서 말이에요. 우리 고양이들은 쾌락이 아니라 고통으로 이어지는 행동은 결코 자유로운 행동일 수 없다고 확신해요. 그런 행동은 단지 어리석기 때문에 가능하면 삼가야 해요.

아주 오래전 어느 수고양이가 '자유는 무엇보다 죄를 지을 능력에 있다'고 말했어요. 옳은 말이에요. 선택할 수 있다면, 잘못된 것도 선택할 수 있으니까요. 다시 말해 모든 존재에게 무엇을 하고 무엇을 포기해야 할지 알려 줘야 한다는 말이에요. 단순한 자의에서가 아니라, 자연의 법칙, 또는 창조주의 바람을 따르고 모든 존재의 욕구를 충족시킬 수 있는 더 나은 앎에 기초해서 말이에요.

이성은 쾌락과 고통에 대해 숙고하는 과정이에요.
하지만 쾌락이 아닌 고통으로 이어지는 행동은
결코 자유로운 행동이라 할 수 없어요.

그런 행동은 단지 어리석을 뿐이죠.

이것을 고양이 입장에서 이야기해 볼게요. 인간들은 점점 더 내 삶에 많이 개입하거든요. 내가 먹고 싶은 것이 아닌, 그들이 옳다고 여기는 것을 먹이로 주고, 밤에는 나를 집에 가두어요. 내가 밖에 나갔다가 차에 치여 죽을까 봐서요. 인간들은 나를 거세해요. 번식은 우리 고양이들에게 단지 해가 될 뿐이라고 여기기 때문이지요. 인간들은 내가 사용할 바구니와 쿠션을 고를 때, 내가 느끼기에 푹신하고 편안한 것이 아니라 거실의 분위기에 알맞은 것으로 고르지요. 그리고 내가 원래의 자리로 돌아가려 하면 아주 우악스럽게 날 소파에서 쫓아내요.

매 순간 내가 무엇을 해야 하고 무엇을 하지 말아야 할지 지시를 받는다면 그게 무슨 삶이에요? 가엾다고밖에 할 수 없는 노릇이지요. 그렇다고 내가 실수를 저지르고 싶어 안달이 난 건 아니에요. 살면서 실수를 저지르지 않을 수는 없겠고, 최소한 그 실수로부터 배운다 해도 말이에요.

내가 꼬마 고양이였을 때 쥐를 잡는답시고 어떤 때는 너무 조금, 어떤 때는 너무 멀리 뛰었던 기억이 나요. 당시 나는 쐐기풀 덤불 속에 앉아 있었어요. 쐐기풀은 아주 얇은 나의 털가죽을 바늘처럼 찔러 댔지요. 그러고는 갑자기 커다란 새(지금은 그것이 매라는 걸 알아요)가 내 앞에서 이리저리 퍼덕이며 어린 비둘기를 놓고 나와 경쟁을 했어요. 나는 매를 손쉬운 노획물로 여겼어요. 그러나 곧 그의 발톱과 부리에 호되게 당해야 했지요.

나는 그로부터 한 수 배웠어요. 나 스스로 말이에요. 경험은 뭔가를 배우고 다시 잊어버리지 않을 최상의 학습법이에요. 누군가 미리 올바른 길을 가르쳐 준다면 이런 뼈아픈 실수를 피할 수 있긴 하겠지요. 하지만 그것으로 얼마나 배울 수 있겠어요? 그리고 누군가 내게 신경을 써 줄 시간이 없다면 어떻게 되겠어요?

난 아무것도 배울 수 없는 삶은 별로 가치가 없는 삶이라는 점을 다시 한 번 강조하고 싶어요. 그런 배움이 자신의 행복에 엄청나게 기여를 한다는 것은 인간들도 잘 알고 있지요. 더 많은 돈을 갖게 돼서가 아니라 우리 고양이와 마찬가지로 호기심이 많고 새로운 것을 알게 될 때 깊은 만족감을 가질 수 있음을 경험하게 되니까요. 가까운 덤불 뒤가 어떻게 생겼는지 들여다보거나 이웃 정원에 첫발을 디디는 순간은 그 무엇과도 비교할 수 없는 행복과 만족의 순간이에요.

자유는 누리는 것인 동시에 포기하는 거예요

물론 고양이마다 조금씩 달라요. 어떤 고양이는 다른 고양이보다 더 용감하고, 어떤 고양이는 사냥에 더 관심이 있고, 어떤 고양이는 먹는 것에 더 관심이 많아요. 따라서 이런저런 특정한 것이 고양이를 행복하게 한다고 말할 수 없고, 그들이 무엇을 해야 하는지 지시해서도 안 되지요. 모든 고양이를 동급으로 취급해서는 안 돼요. 고양이들을 싸잡아 취급하지 말아 달라고 부탁하고 싶어요.

또한 각자 자기가 관심 있는 것을 할 수는 있지만, 경계 없는 자유 역시 있을 수 없음을 이야기하고 싶어요. 모두가 막 머릿속에 떠오른 것을 할 수는 없지요. 다른 이들의 자유를 방해하지 않기 위해서라도 말이에요.

우리는 이 세상에서 홀로 살지 않아요. 오래전 어떤 영국인이 말했듯이 그 누구도 섬이 아니에요(인간들도 때론 영리한 말을 할 줄 안다니까요).

그러나 아시다시피 우리 고양이들은 질서를 좋아하는 존재들이에요. 그리고 하지 말아야 할 일을 확실히 정해 두는 것도 질서에 속해요. 좋은 이유에서 그것을 포기하는 것, 있는 그대로 그냥 내버려 두는 것……

자유는 누리는 것인 동시에 그만큼 포기하는 것을 의미해요. 하지만 이런 질서와 규칙이 어디에서 연유하는지 그리고 더 중요한 것은 그것이 어떻게 정당화되는지 물을 수 있겠지요. 하느님이 이런 질서를 만들었나요? 그렇다면 누가 하느님의 뜻을 그렇게 잘 알아서, 이 세상의 모든 존재를 위한 법칙과 규칙을 도출해 낼 수 있을까요?

우리 고양이들은 인간들이 하느님의 질서를 언제나 자신들에게 맞고 좋은 쪽으로 만들어 낸다고 추정해요. 자연의 법칙도 그렇고요. 누가 그렇게 자연의 법칙을 잘 알아서, 다른 이들을 위해 이런저런 규정을 도출해 낼 수 있느냔 말이지요.

우리가 지금까지 세계에 아주 잘 적응하고 있다고 해서 미래에도 그러리라고 유추할 수는 없어요. 규칙이나 상황이 변할지도 모르고, 아니면 우리가 변할지도 모르잖아요. 그러면 과거의 모든 공적은 아무 소용이 없게 돼 버리지요.

물론 규칙과 법칙들이 있고, 세계의 질서가 있어요. 그리고 인간이든 고양이든 우선 그것들을 인식하고, 그것들에 스스로를 맞추는 것이 좋아요. 하느님이나 진화에 대해서는 항소할 수 없어요. 물론 교활한 변호사 고양이가 그렇게 해서 이미 많은 쥐를 챙겼지만 말이에요.

하느님이나 자연의 법칙이 우리에게 그어 준 테두리가 크든 작든 우리 모두 스스로 결정을 해야 해요. 우리 고양이들은 거기에 개입하지 않아요. 중요한 것은 다만 자연 속에, 또한 확정되지 않은 것들이 있다는 거예요. 자유를 알고 의지를 이용할 수 있는 열린 결정들이 있다는 거예요. 우리가 '자유의 정원'이라 부르는 곳에도 물론 규칙들이 있어요. 그러나 그 규칙을 만들 권리가 있는 기관은 바로 자기 자신이지요.

이성의 시간이 쾌락과 고통 사이의 사려 깊은 숙고에서 온다는 말을 또 해야 할까요? 이성적인 존재들은 이미 그것을 알고 있지요. 나는 이런 종류의 자유를 전적으로 '최선의 행위'라 부를 수 있다는 것을, 도덕과 미의 실현이라 부를 수 있다는 것을 언급하고 싶어요. 자유를 이런 방식으로 이용할 때 비로소 우리는 안식과 평화에 이르러요. 자신과 세계의 조화 속에서 살아가는 행복에 이르지요. 더 이상 삶에서 무엇을 기대할 수 있을까요?

때로는 자유를 포기할 줄도 알아야 해요

무슨 말을 더 할 수 있겠어요. 우리 고양이들은 원래 자유를 논하는 일이 아주 드물고, 그런 일을 즐겨 하지 않는다는 점만 덧붙일게요. 기본적으로 우리는 자유라는 개념에서 너무 인간적인 냄새가 난다고 생각해요. 인간의 희망과 두려움과 너무 밀접하게 연결돼 있어서 지나치게 불확실하거나 모호하며 너무 다의적으로 다가온다고 생각해요.

우리가 색맹이라서 그런지도 모르지만, 이런 요지경은 우리에겐 너무 알록달록 빛나면서 우리를 신경질적이고 불안하게 만들어요. 그 어떤 상황에서도 피하고 싶은 감정이지요.

아무튼 우리는 자유에 대해 이야기하는 걸 그리 즐기지 않아요. 차라리 '종속'이라는 개념을 더 즐겨 사용하지요. 아니면 어느 늙은 수고양이가 오래전 언급했듯이 '자립'이나요.

이 말은 굉장히 고양이 철학적으로 들리지만, 그 의미는 고양이 스스로 알아서 생을 살아가야 한다는 거예요. 스스로 만족스러운 생활 방식을 찾는 동시에 스스로 얻을 수 없는 것은 가지려고 하지 않는 것. 자기 자신을 늘 제어하고, 자신에게 충실한 것…….

그 모든 것은 도덕적인 숙고로부터 나왔거나 더 높은 법칙을 따라야 하기 때문이 아니라, 이런 방식이어야 운명의 변덕에 끄떡없다는 실질적인 숙고로부터 나온 거예요. 뭔가를 스스로 조달할 수 있다면, 아무에게도 부탁할 필요가 없고 상대가 그럴 시간이나 마음이 없더라도 상관이 없기 때문이지요. 손해를 보는 것에 대해서도 두려워할 필요가 없어요. 가지고 있지 않은 것은 잃을 수도 없으니까요.

때로 우리는 다른 존재에 종속돼 있을 수밖에 없어요. 물론 건조 사료가 담긴 봉투쯤이야 우리의 날카로운 발톱 덕분에 스스로 열 수 있어요(필요할 경우 우리는 그렇게 하지요). 하지만 고급 생선이나 닭고기가 담긴 캔은 아무리 노력해도 열 수 없어요. 우리의 다섯 번째 발가락이 다른 네 발가락과 같은 높이에 있지 않고 약간 높게 다리 옆에 붙어 있기 때문에 우리는 이런 빌어먹을 뚜껑을 쉽게 잡고 있을 수가 없거든요.

나는 배고픈 고양이들이 몇 시간 동안 캔을 열려고 애쓰다 결국은 배고픔뿐 아니라 부러진 발톱으로 인한 고통까지 당해야 했던 비극적인 경우들을 알고 있어요. 그런 일은 우리에게 성가신 것 이상이에요. 시간이 지나면 발톱은 자라지만, 발톱이 부러진 것으로 인해 우리의 우아한 동작이 아주 크게 방해를 받거든요. 뛸 수도, 기어오를 수도, 잡아챌 수도, 방어할 수도 없게요. 상상만 해도 끔찍해요!

가능하면 언제 어디서나 자립적으로 살려고 노력한다는 것은 따라서 정말로 필연적일 때조차 종속돼서는 안 된다는 이야기가 아니에요. 이미 말했듯이 그 누구도 섬은 아니랍니다. 때때로 다른 존재들의 부드러운 야옹거림을 듣고 싶기 때문에라도 말이에요. 또는 그의 달콤한 향기를 킁킁거리고 싶거나 털가죽에 크고 부드러운 혀가 핥아 주는 느낌을 갖고 싶기 때문에라도 말이지요.

고양이, 인간, 고슴도치, 붉은 개미 등 우리 모두는 언제 어디서건 다른 이들에게 종속돼 있어요. 우리 모두에겐 뭔가가 부족하고, 우리 자신으로부터가 아니라 다른 이들로부터만 필요한 것들을 얻을 수 있지요.

그래서 선조 고양이들 중 몇몇은 우리에게 종속돼 있으라고 충고했어요. 하지만 그 전에 종속성이 우리가 바라는 쾌락에 어떤 영향을 미칠지 신중하게 생각하라고 했지요. 무엇이 우리에게 진정으로 쾌락을 선사할지(최소한 고통을 피하게 할지 또는 최소한 고통을 줄일지)에 대해 이성적인 숙고를 할 때 비로소 독립성이나 자립성이 가능해진다고 말이지요.

따라서 필요할 때는 자립성을 의식적으로 포기해야 해요. 정말로 그럴 만한 가치가 있을 때 말이에요. 그러므로 첫 번째 중요한 질문은 자신의 필요에 대한 거예요. 상당히 오래 검토한 후에도 포기할 수 없는 또는 포기하고 싶지 않은 욕구에 대한 질문 말이에요.

통조림 속의 생선은 내가 즙 많은 참치 한 조각을 깨어 무는, 그 무엇과도 바꿀 수 없는 유혹적인 느낌을 줄까요? 난 솔직하고 싶어요. 그 느낌은 틀림없이 내가 생존하는 데 필요한 것은 아니에요. 하지만 굉장히 유쾌하고 즐거운 것이지요. 그리고 때때로 그런 잊지 못할 행복의 순간을 경험하지 못한다면 생이 대체 무엇이겠어요. 그러나 중요한 것은 자기 자신을 위해 그런 것들을 만들어야 한다는 점이지요.

자신의 삶에 대한 진정한 독립성을 가져야 해요

자립이란 자연적인 이유에서든(배고프면 먹어 줘야 하거든요) 개인적인 취향에서든(난 생선이 콩이나 시금치보다 더 맛있어요) 필요한 것을 의식하는 거예요. 바라는 쾌락을 흠씬 누리기 위해 얼마나 많은 고생을 감수할지를 이성적으로 숙고하는 것도 자립에 속해요.

우리 중 여럿은 독립성을 아주 귀중하게 여긴 나머지, 인간에게 종속돼 살기보다 차라리 길고양이로 살면서 쓰레기 더미를 뒤지거나 길거리에서 줍는 알량한 걸로 먹고살아요. 다음 날 아침 깨끗한 접시에 신선한 생선을 제공 받기 위해 밤새 갇혀 지내는 대신, 차라리 내키는 대로 꼬리를 바람에 휘날리는 것을 택하지요.

나는 그런 태도를 인정해요. 나는 다른 결정을 했을지라도 말이에요. 하지만 그것은 단지 나의 이유일 뿐이에요. 그래서 나는 나와는 생각이 다른 이들을 욕하지 않아요.

자유 또는 자립은 다른 이들의 결정에 끼어들지 않는 동시에 다른 이들도 나의 결정을 존중해 줄 것을 요구하는 것이라고 말하고 싶어요. 물론 세상에 해를 끼치지 않는 조건에서 말이에요.

하지만 내가 결코 잊어버리고 싶지 않은 자립의 또 다른 면이 있어요. 즉 원하는 것과 할 수 있는 것이 조화를 이루는 일이 중요하다면, 우선은 원하는 것을 비판적으로 점검해 봐야 한다는 것이지요.

무엇을 원하든 원하는 것은 모두 이성적일까요? 내가 원하는 것

우리 모두는 뭔가 부족하고
우리 자신이 아닌 다른 이들로부터 필요한 것들을 얻을 수 있어요.

그러니 필요할 때는 자립성을
　　　의식적으로 포기해야 해요.

을 얻기 위해 얼마나 많은 자립과 자유를 포기해야 할까요? 그 과정에서 얼마나 많은 고생을 해야 할까요? 그것이 정말로 가치가 있을까요? 그래요. 그것은 중요한 질문들이에요. 이성적인 고양이는 대부분 거기에 답변을 해요. 자신에게 맞는 좋은 답변을 하지요.

그리 쉬워 보이지 않는 또 하나의 가능성이 있어요. 즉 능력을 키우는 것 말이에요. 그것은 고생과 수고로 점철된 길일지도 몰라요. 애를 써야 하고 시간과 에너지를 투자해야 하지요. 더 이상 잠이나 명상으로 또는 그냥 소화시키느라 흘려보낼 시간이 없어요. 이런 이야기를 들으면 품행이 단정한 고양이는 고개를 설레설레 저을 거예요. 하지만 다른 이에게 가능하면 적게 종속되고자 한다면, 가능하면 스스로 많은 것을 할 줄 아는 상태가 돼야 해요.

경험이 많고 숙련된 고양이로서 참치 캔을 따는 것이 가능하지 않은데도 참치를 포기하고 싶지 않다면, 다른 수단과 방법을 강구해야 해요. 참치를 얹은 작은 빵이 나타날 때까지 기다려야 하지요. 그러다 식탁에 그것이 있으면 인간들이 한눈을 팔고 있는 순간을 택해 식탁으로 뜀뛰기를 해야 합니다. 자신이 너무 굼뜨거나 너무 뚱뚱하다면, 연습에 연습, 또 연습을 해야 해요.

날 믿어요. 연습도 뜀뛰기도 그리 어렵지 않아요. 어쨌든 맛있는 먹이를 위해서라면 노력할 가치가 있잖아요. 기대대로 잘 되지 않을 경우 반복적이고 인상적인 야옹거림을 통해 자신이 원하는 것을 알리면 돼요. 드디어 모두가 불쌍히 여기고 캔을 열어 주기까지 말이에요. 그러나 그 또한 고요한 시간에 능력을 연마한 것을 전제로 해요. 뜀뛰기가 아니라 야옹거림과 기다림을 연습하는 것이지요. 그래요! 그리고 나서 결국은 모든 것이 합쳐지는 거예요.

우리 고양이들에겐 독립성이 중요해요. 그러나 독립성은 <u>스스로</u>를 알고, 스스로 자신의 필요, 바람, 두려움, 강함, 약함 등을 의식할 때에만 얻을 수 있는 거예요. 또한 포기할 준비가 돼 있으면서도 기회가 주어지면 그 순간 재빠르고 단호하게 움직일 준비가 돼 있어야 하지요. 조심하는 동시에 신중하면서 최악의 상황에 대비하고 있으면, 결국 성공을 만끽할 수 있어요. 가장 좋은 것은 성공을 오랫동안 기다리더라도 고요하고 평온한 태도를 유지하는 거예요. 또한 너무 많은 것을 기대하지 않는다면, 뭔가를 얻기만 해도 기뻐할 수 있지요.

우리 고양이들은 그렇게 생각하고, 그렇게 느끼고, 그렇게 살아요. 모두 언제 어디서나 그런 건 아니지만, 우리는 최소한 그러려고 애를 써요. 그로써 우리가 행복할까요? 그래요. 대체적으로는 행복해요. 그렇지 않다면, 우리는 시끄럽고 분명하게 야옹거리거나 발톱을 출동시켜요. 아니면 가만히 남모르게 사라져 버려요. 물론 마지막 출구로서 말이에요. 정말이에요. 이 세상에 우리 고양이에게 유쾌한 삶을 제공하기 위해 모든 것을, 정말로 모든 것을 내주는 인간들은 충분하니까요.

그들이 우리와 함께 살고 싶은지, 우리를 어떻게 대하고 싶은지 선택할 수 있는 것과 마찬가지로, 우리 역시 많은 선택을 할 수 있어요. 그것을 위해 길이나 공원이나 동물 보호소에서 몇 주간 살아야 하는 것을 감수하더라도 말이에요. 우리 대부분 그런 삶을 좋다고 생각하는 것은 아니지만, 그래도 살 수는 있으니까요. 그리고 우리는 일곱 번의 생을 가지고 있어서 일곱 번 살기 때문에 하나쯤은 가뿐히 희생할 수 있어요.

끝내며

고양이의 일곱 가지 지혜가
당신을 행복하게 할 거예요!

자, 이제 하나의 질문이 남아요. 아주 중요한 질문이지요. 인간인 당신 역시 고양이의 일곱 가지 지혜로 행복해질 수 있을까요?

나는 그렇다고 확신해요! 고양이에 대한 이야기라면, 이성을 부여 받은 이 세상의 모든 존재에게 모델이 되고 모범이 될 수 있을 테니까요.

어쨌든 우리 고양이들은 삶의 본질적인 질문에 대해 집중적으로 생각해 보았어요. 그럴 시간과 기회가 충분히 있었거든요. 또한 우리의 생각을 실용적으로 적용하는 것에도 상당한 진척을 보았어요.

우리는 아직도 존재해요. 자신에 대해 이렇게 말할 수 없는 종과 속이 많아요. 우리는 오랜 세월 동안 자기 자신을 바꾸거나 맞출 필요가 없었어요. 이 역시 다른 종들에게는 쉽지 않은 일이었어요(나는 여기서 무엇보다 강아지를 말하는 거예요. 강아지들이 자신에게 이런 변화를 요구했는지는 알지 못하지만요. 하긴 강아지가 나랑 무슨 상관이 겠어요). 그리고 우리가 지금까지 인간이 진보라고 부르는 일에 별로 참여하지 않았을지는 모르지만, 그렇다고 우리의 행위로 인해 이 세상에 무슨 돌이킬 수 없는 손해가 발생한 것은 아니지요.

당신이 우리의 심오한 지혜에 대해 아직 확신이 서지 않는다 해도, 한번 시험해 본들 무슨 손해가 있을까요? 며칠이나 몇 주쯤? 그냥 재미로라도 말이에요. 손해 볼 건 없으니까요. 그런 다음 마음에 들지 않는다면, 당신은 여전히 지금까지 해 오던 대로 분주하고, 시기하고, 탐욕스럽고, 인색하고, 무분별한 삶을 살아가세요.

그러나 고양이의 지혜가 마음에 들고, 아주 쉬운 방법으로 얼마나 행복하고 만족스럽게 살 수 있는지를 깨닫게 된다면, 고양이의 말을 들은 것이 보람이 있겠지요. 그러나 이 과정에서 내가 한 가지 충고를 하자면……."

그 순간 나무 사이로 햇살이 비쳤다. 그때까지 고양이 이야기가 아주 잘 들렸는데, 이제는 야옹거림과 양양거리는 소리만 들렸다.

고양이는 몇 초 뒤에야 그걸 눈치챈 것 같았다. 그러고는 체념한 듯한 표정으로 나를 쳐다보았다.

"이런! 안타까워라!"

나는 이렇게 말하며 고양이 턱 밑을 잠시 어루만져 주었다. 고양이는 그러는 게 아주 기분이 좋은 것 같았다. 나는 불을 끄고 책상에서 일어나 부엌으로 걸음을 옮겼다. 고양이에게 감사했다. 긴 밤

이었다. 고양이는 지치고 배가 고플 것이었다. 고양이는 정말로 내 뒤를 따라와 식탁 앞에 앉았다. 나는 찬장에서 참치 캔을 하나 꺼냈다. 내가 접시에 그것을 담는 동안 고양이는 기쁜 듯 야옹거리기 시작했다. 그러고는 짭짭거리며 아주 맛있게 먹었다. 나는 커피 머신을 켜고 심호흡을 했다. 마르티니크 럼주는 여전히 나를 기다리고 있었다.

RUFUS,
DER KATZENPHILOSOPH

옮긴이 유영미

연세대학교 독문과와 동대학원을 졸업한 뒤 전문번역가로 활동하고 있다. 아동도서부터 인문, 교양 과학, 사회 과학, 에세이, 기독교 도서 등 다양하게 번역 작업을 하고 있다. 옮긴 책으로 《왜 세계의 절반은 굶주리는가》, 《감정 사용 설명서》, 《시간을 빼앗긴 사람들》, 《분노한 사람들에게》, 《인생의 재발견》, 《내 생의 마지막 저녁 식사》 등이 있다. 《스파게티에서 발견한 수학의 세계》로 2001년 과학기술부 인증 우수 과학 도서 번역상을 수상했다.

고양이 철학자 루푸스

2013년 6월 14일 초판 1쇄 인쇄
2013년 6월 25일 초판 1쇄 발행

지은이 | 안드레아스 슐리퍼
옮긴이 | 유영미
발행인 | 전재국

발행처 | (주)시공사
출판등록 | 1989년 5월 10일(제3-248호)

주소 | 서울특별시 서초구 사임당로 82(우편번호 137-879)
전화 | 편집(02)2046-2854 · 영업(02)2046-2878
팩스 | 편집(02)585-1755 · 영업(02)588-0835
홈페이지 | www.sigongsa.com

ISBN 978-89-527-6940-4 03850

본서의 내용을 무단 복제하는 것은 저작권법에 의해 금지되어 있습니다.
파본이나 잘못된 책은 구입하신 서점에서 교환해 드립니다.